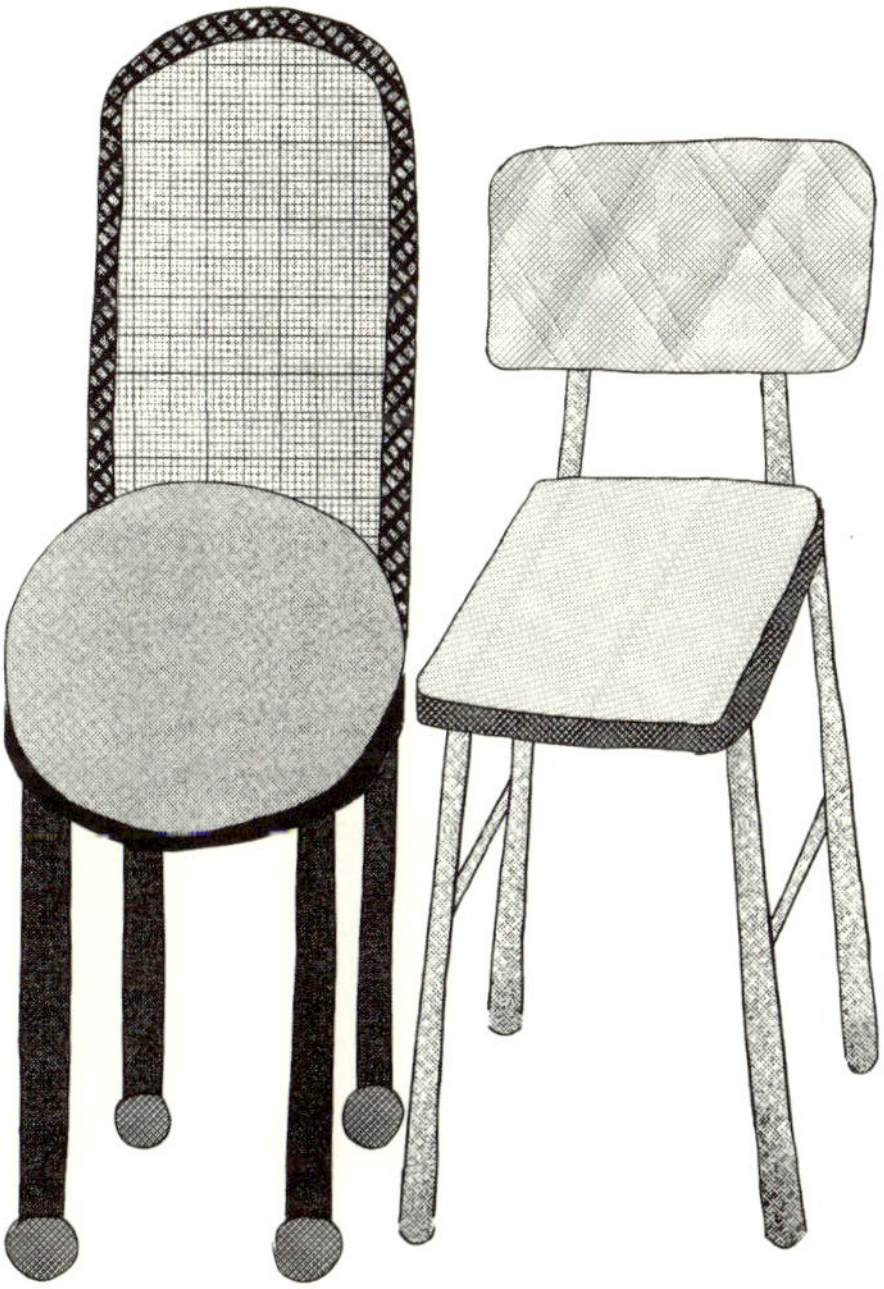

ふたり暮らしの「女性」史

伊藤春奈

目次

引用文中の旧字は読みやすさを考慮して
新字にあらため、適宜ルビを追加・省略しました。
なお、引用者による注や補足は〔　〕、
中略は（……）で示しています。

序章

ふたりだけの部屋で生きる

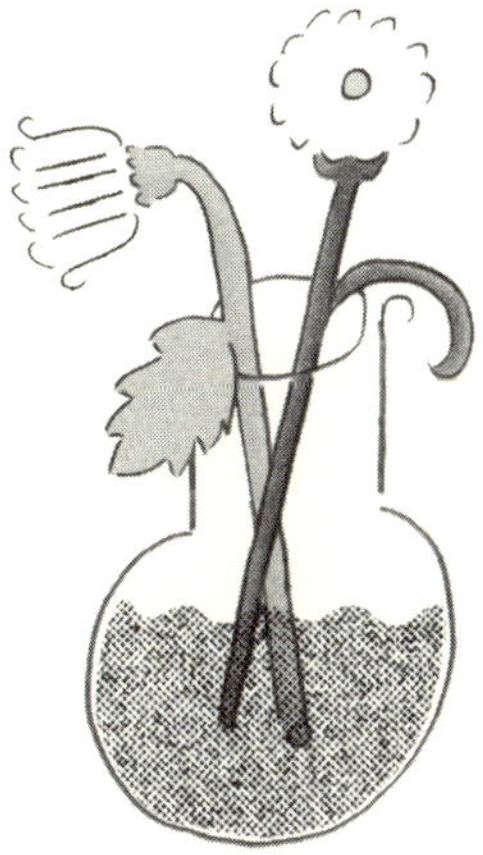

家制度があった時代、女性は「家」のために結婚して子どもを生み育てるのが普通だった。そう信じている人は多いだろう。でも、それはどの程度、真実だったのだろう。

もしかしたら、結婚や出産などの役割を拒んだ人、拒みたかった人もいたのではないだろうか？　ただ「正史」から見えなくされてきただけで、結婚ではないパートナーシップを選びとっていた人も思った以上にいたのではないか。歴史に埋もれてきた女性たちの声を聞くために発展した女性史も、同じ差別構造のなかでほかのマイノリティへの差別や偏見に無自覚だったし、そこへの批判も不十分ではなかったか。

私が、そうした疑問について具体的に考えるようになったのは、二〇一九年に出版した自著『「姐御」の文化史』で、ある人物の取材・調査を進めていたときのことだった。その人物は、広島県・因島で活動した事業家、麻生イトである。一八七六年に生まれ、各地を転々としたのちに郷里へ戻ってさまざまな事業を起こし、東京の政界でも知られた。その強烈な個性は、河《かわ》東《ひがし》碧梧桐《へきごとう》や林芙美子《はやしふみこ》らが書き留めたほどだ。戦後は劇映画に実名で描かれたこともある。その人生をたどると、当時の女性ジェンダーに求められた規範を意図的に拒んだことが、残した言動や資料などから濃厚にうかがえた。「私でも女の役は一通りした」(河東碧梧桐『山を水を人を』)との言葉も残しているように、前半生では女学校へ通い、短い期間だが結婚をして子をもうけている。だが晩年にはジェンダー、セクシュアリティの表現がより主体的になり、女性パートナーと暮らして生涯を閉じた。

イトの足跡を追うなかで気になったのが、男性作家やメディアによる伝えられ方があまりに偏見に満ちていたことだ。世間から「逸脱」とみなされた女性は総じて、男性本位で蔑視にまみれた視線で語られてきた。人が大切にしている核心の部分を、誤った言葉で踏み荒らすようなことが繰り返されてきたのを知るうちに、私は悔しさと嫌悪感をぬぐえなくなった。

そうした語られ方は、いまの私たちにも経験がある。家制度は滅んだはずなのに家父長制は亡霊のように社会のいたるところで顔を出し、異性愛主義、男女二元論を固めている。しかも多くの人がそれに疑問を抱かずに生きている。では具体的にはなにがどう、変わらないのか。この先、変化は訪れるのか。それが知りたくて、同様の「ふたり暮らし」をもっと調べてみようと思った。

すでに世を去った人たちの心のうちはわからない。その点でどう描くのがベストなのか不安はあったものの、私たちですら無意識のうちに縛られている「家族」のあり方を否定してみせた生き方、ジェンダーの表現、自分たちだけの生活を選びとった人たちを見つけるたび、私は強烈に惹かれていった。目の前の不正義への怒りをよりクリアに言語化するためのなにかを、かつての「ふたり暮らし」に感じることもあった。私は、この「女性」たちと同じ社会を生きて、同じ怒りや悲しみを共有している。だからその歴史を読み直して語り直すことで、目の前の世界は姿を変えるかもしれない。あるいは、目の前の社会を考えることで自分自身が変わり、歴史が姿を変えるかもしれない。そんな予感は調べるうち、かすかな手ごたえに変わっていった。「ふたり暮らし」で出会い直したある人は実際に、それ以前とは違う人として私の前に現れた。

本書に登場する主人公たちは、陸上選手、新聞記者、パイロット、鉱山師、騎手など、戦前期の「女性」としては珍しい職業を選んだ人ばかりだ。ただ共通するのは、世間が求めてくる「あるべき女性像」も「家族」も拒み、かわし、怒り、違和感を言葉や行動で示したということだ。ある者は礫を投げつけられて泣いた。またある者は仲間を得てともに闘った。それほど苦しかっただろう。悲しかっただろう。長い道のりだっただろう。みじめでたまらなかったかもしれない。あまりに不当な努力ではないかと、私も怒ったことが何度もあった。そして、「標準」という鋳型に押し込めようとする社会のなかで、自分たちだけの部屋を守り抜くことで生ききった人たちでもある。そこから見える世界は、どんな景色だったのだろう。本書の主人公たちと同じ願いを共有していた女性も多かったのではないかと思ったりもした。

関係性の名づけを再考する

人がかけがえのない存在に出会い、自分のことを心底愛せるようになる。すると目の前の世界が変わるようなこともあるだろう。その世界で相手に抱く感情は、自分にしかわからない、とても大切なものだ。だがこの社会ではその感情よりも、つまり私だけのこの心よりも、関係性の名前こそに「価値」があるとされている。恋人がいてこそ人として認められるとか、結婚してこそ「一人前」だとかいった言説だ。でもそんなものよりも、相手がどんな表情をするのか、それを見てわき起こった感情こそが大切ではなかったか。その時代の規範は誰にでも否応なく降りかかるから、多くの人はそんなことを忘れて生きていく。

本書で紹介する「ふたり暮らし」も、当人たちの心情はおかまいなしに「美しい友情」などと世間に名づけられていた。そこには、女性同性愛が不可視化された歴史が絡んでいたかもしれない。一方、不動産屋での契約やラブホテルで同性カップルが断られるといった同性愛差別はいまもある。いずれも、「こうあるべき」と国家が規定した近代家族のあり方が残っているがゆえに生じる差別であり、偏見だ。関係性を強いる社会とは、ジェンダーだけでなく、セクシュアリティ、国籍、障害などをめぐる差別が否応なしに絡みついてきて、個人の生き方をがんじがらめにする。

思えば、私にとっても生きづらさの根には家族があった。「こう生きよ」とあらかじめ方向づけられ、役割を課されること――娘らしく、母親らしく。そうした家族主義、あるいは家族にまつわるイデオロギーのようなものは空気のように存在していて、無関係ではいられなかった。

思春期の頃からだったろうか。私には自分が「家庭を持つ」ということがまるで想像できなかった。映画や小説などでさんざん浴びてきた「好きな人の子どもがほしい」という言説もピンとこなかった。「恋愛、結婚、出産」それぞれを、それなりのルートであゆんでいく、みたいな言説にもしんどさを感じていた。大学生の頃、そんなことをあえて軽く同級生（男性）たちに話したところ、返ってきた反応はおおむね、「ありえない」「冷たい女だ」「意地を張るな」

であった。「いずれ〝母性〟が芽生えるから大丈夫」と慰めてくる人も少ないながらいた。一方、私に共感してくれたのは同性の友人や先輩だけだった。やがて、私は子どもがほしいと思わないまま終わるのだろうかと、ひそかに不安を感じるようになった。「あるべき」感情がない自分は「異常」で薄情な人間なのだ、子どもがほしくならないどころかそもそも人を愛することができないのでは……などと思い詰めることもあった。いま思えば、抗いながら生きる苦しみのなかにいたのかもしれない。

出産する友人、知人が増えた頃、出産することに対して「もう十分、自分のしたいことはしたから……」といった声をよく聞いた。当時はどこかクールに響いたそのセリノも、いま思えば後期氷河期世代特有の哀しいエクスキューズだったような気もする。当時はいまとは比べようがないほど、「出産（結婚）か仕事か」は、崖っぷちで二者択一を迫られるような切実さがあったのだ。結婚や出産どころか、仕事にしがみつくために必死な人が大多数だった。私もまた、氷河期世代ルートを這ってきたがゆえの自己肯定感の低さとせめぎ合いながら、ただ目の前の仕事をして生きていた。その長いトンネルのなかでわずかな光を凝視しながら、何度か立ち止まって考えてみたことがある。なぜ、いつまでも我慢する立場に私たちはいるのか。ただなにかを続けることがこうも難しく、苦しいのかと。

いま思うのは、ひとりだろうと誰が横にいようと、生きる選択肢はもっとたくさんあってほしかったということだ。「普通」の生活すらままならなかったのに、さらに「普通」の列に並べとは、あまりにきつすぎた。

「女性」に入る人、入らない人

本書のタイトルにある「女性」の表記には、大きな意味がある。本書の主人公たちは女性として認知されてきたものの、すでにこの世を去った人たちであり、性自認を確認できないためである。そこで、残された記録を軸に記述し、ジェンダーやセクシュアリティを推測して述べることは避けた。いまでいうトランスジェンダーも含まれたかもしれないが、その場合でもバイナリーな表記では包摂できない人がいた可能性を付記しておきたい。木部シゲノのように、本人が表現していた性別認識と他者が認識していた性別認識がほぼ一致していた人もいれば、そうではない人もいる。あらゆるジェンダーを含めて考え、書くことに努めた。

また本書は、『群像』にて二〇二二〜二〇二四年に連載した同名の記事に加筆修正して再構成したものである。

第1章「語られなかったふたり暮らし――人見絹枝と藤村蝶」では、世界的スプリンターの人見絹枝と体操塾の仲間として出会った藤村蝶が主人公。絹枝の遺した強い意志により八戸で同じ墓に眠るふたりの物語とともに、絹枝のまなざしがもっとも色濃く表れた短歌にも注目した。最期に蝶への感情を注ぎ込んだ短歌を通して、語られなかった生と出会い直せるだろう。

第2章「帝国日本とふたり暮らし――飛行士たち」は、二組の飛行士たちのふたり暮らしを描いた。植民地拡大と侵略戦争の道具として「近代化」を進めた飛行機と、そこに夢を抱いた飛行士たちの言葉に注目しながら暮らしをたどる。馬淵てふ子と長山きよ子、木部シゲノ（相手の名は不明）、それぞれのセクシュアリティと葛藤に心の解放、ジェンダー規範への抗い、そして内面化された植民地主義も見つめている。

第3章「主従関係とふたり暮らし――五代藍子と徳本うめ」は、大阪の近代商業を推し進めた父・五代友厚の娘として生まれた五代藍子と、藍子を支えた徳本うめの静かなふたり暮らしをひもといた。藍子が鉱山開発の夢を見た地を訪ね、史資料や地元の言い伝えも集めている。父に憧れたであろう藍子の心の奥底をのぞき込みながら、うめとの封建的な関係性を、現代につなげて考えた。

第4章「語り継がれるふたり暮らし――斎藤すみと〝芳江〟」は、馬を愛し、初の女性騎手を目指した斎藤すみと〝芳江〟の物語。すみをモデルにした伝記小説『繋がれた夢』と、その著者・吉永みち子さんの言葉をもとに、「女人禁制」の因習と根深い女性差別、ふたりの苦悩と解放、そして「女性」の歴史や物語を描き直すことの意味を伝える。

人と動物を分けないパートナーシップ

本書の主人公たちには、猫など動物との暮らしも大切にしていたカップルが多い。暮らしを守るため、ときに傷ついたであろう主人公たちのかたわらに顔をのぞかせる動物たちにも注目してほしい。例えば騎手の斎藤すみは馬と生涯離れない生き方を実践した人だが、連載時、それ以外の主人公たちではこの点を掘り下げることはできなかった。ただ、回が進むにつれて、主人公たちが動物に抱いた感情が気になっていった。というのも私自身、数年前に亡くした猫のことをこの二、三年でようやく言葉にしたいと思えるようになったからだ。動物たちとともにあった「ふたり暮らし」を考えることは、私にとってかけがえのない存在を考えることとつながると気づいた。

「ペットも家族同然です」とは古くから聞くフレーズだが、「そうはいっても動物」という風潮も根強い。やはり人間の標準的な家族あってこそだという価値観が根底にあるからで、それが私の口をつぐませてきたのだと思う。ただ、この間に世界では同性婚の法制化が進んだり、公的書類から性別欄がなくなったりと、社会システム上でも意識の上でも異性愛主義が崩れつつある。そんな世界を見まわしていると、心境が少し変わってきたのである。猫に抱いていた大切な感情をひとつひとつ点検し直したい。たとえ言葉にはできなくても、感情はたしかに存在したし、それが私を生かしてきたと確信するようにもなった。

動物がただ生きるためにしているしぐさや表情を見ていると、素直に胸を打たれる。そうして、気づくと力をもらっている。たとえば、仕事で嫌なことがあってイライラしていても、横で猫があくびをするのを見ると瞬時に心がほぐれる。猫が飛び回って遊んでいると、まわりの空気が軽くなったように思える。これこそが、動物をかけがえのない存在だと感じて、生きる力をもらうということではないだろうか?

アメリカの刑務所で、模範的な受刑者に猫と触れ合う権利を与えたところ、明確な変化が見られた――そんなニュースを見たとき、動物を愛したいと思う気持ちは人を変えるのだと思った。受刑者たちは猫と触れ合いたいあまりに言動が穏やかになり、猫におもちゃをあげようと真面目に務めるようになったという。動物には人を変える力があるのだ。

私は猫が死んで一年ほどは、いなくなってしまったことが受け入れられず、なぜ自分はまだ生きているのだろうと呪った。その猫と暮らす前、私は道端にいる猫やＴＶに映った猫を見ては猫の専門家みたいに語っていたが、失ってからはっきり気づいたことがある。私はわかったつもりになっていただけだった。人間と同じように、同じ猫はこの世に一匹も存在しない。そんな当たり前のことを、一緒に長く暮らして初めて知った。同じ猫はこの世に一匹だけだと気づくことができたのは、当時は流れるに任せた感情を改めて点検して、自分の心の底に愛情として定着させたからであり、これは対人間でも同じなのかもしれないとふと思った。誰もがただの個人として存在しているとき、相手にもその個別性を感じ、特別な関係性を持ちたいと考えるようになる。だから、個別に存在しえているとき、人は本来の意味で生を味わえる――そんなことを考えながら、初めて気づかされたことがもうひとつあった。猫はこんなにも愛する生き物なのか、生きることはこんなにも素晴らしいのかという驚きだ。その驚きは、喜びそのものだった。これもまた、対人間でも同じことを感じる。

動物のための福祉や権利、動物をめぐる気候危機などから、人間と動物の関係性はいま大きな変化のときを迎えている。同じように変化しつつある人間同士のパートナーシップも、そこに交差しているように思える。

猫のことを、かけがえのない存在としててらいなく書きたい——そう思えたのは、人間のパートナーシップの変化に希望を感じているからだろう。あの猫のことがようやく書ける。そう思った瞬間、じんわりと幸福を感じた。少し悲しくて、ささやかではあるけれど、それは私の人生にとって歓迎すべき瞬間だった。猫や犬、馬たちと暮らした本書の登場人物たちも、そうだったらいいなと思う。

まずは「家族」の枷を外すこと。「家族」をめぐる違和感を、考えてみること。それでふと心が軽くなることはあるし、ときに大きな解放が訪れる。

「女」をやれない。値踏みされたくない。「女らしく」も「男らしく」も「母親らしく」もわからない。結婚したくない。子どもは産みたくない。

「家族」や血縁が息苦しい。離れたところへ行きたい。

世間が、「家族」が押しつけてくる「あるべき姿」ではない、自分でいられる部屋。そこに招き入れてもいい人とだけ、対等に暮らしたい。その関係に名前はなくていい。

かつての「ふたり暮らし」の主人公たちは、ときに世間から勝手に名づけられながら、自分だけの部屋を守り抜いた。でもきっと、こう思っていたはずだ。――私たちは、ただ自由に、愛しいと思う相手と暮らしたかっただけなのだと。

かつてそんな生を追い求めた「女性」たちは、たしかにいた。

「女性」を歴史に残すこと、歴史のなかの生活が軽視されがちなこの社会で、ふたり暮らしを実践した人たちの、消えそうな足跡をたどってみたい。

第１章

語られなかったふたり暮らし

――人見絹枝 と 藤村蝶

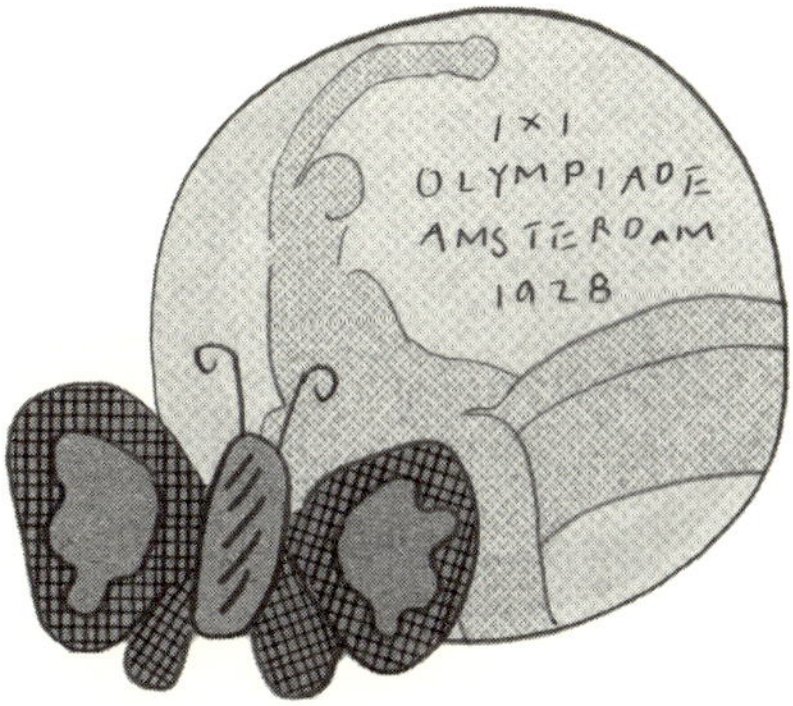

青森県八戸市の市街からほど近くにある本覚寺。敷地に入ってすぐ左手に、見上げるほどの銀杏の木が空に向かって伸びていた。私が訪れたときはちょうど黄葉の盛りで、秋晴れの青空と黄金色が、目にしみるほど鮮やかだった。

銀杏の大木に守られるようにして、すぐ隣に骨塔（墓石）と石碑が建つ。墓石の側面にはこう刻まれている。

昭和六年八月二日　俗名　人見絹枝　行年二十五才
釋尼蝶聲　俗名　藤村テフ　平成十二年四月二日　行年九十一才
昭和六年十一月九日　藤村榮太郎　建之

墓というと、「〇〇家之墓」などと書かれた「家族の墓」を思い浮かべるが、この墓に入っているのは、「人見絹枝と藤村テフ」のふたりだけ。藤村家の菩提寺である本覚寺の住職・廣田和哉氏が、「あの中には、あのふたりだけが入っているのです」と強調するように述べていたのが、強く心に残っている。

藤村テフは、その人生の後年に名前の表記を「蝶」と改めたとされる。絹枝と同じ墓に入るまでの本人の遺志を尊重して、本書では「蝶」で統一する。

人見絹枝は、一九二八年に日本人女性で初めてオリンピックでメダルを獲得した世界的スプリンターである。墓は出身地の岡山にあるが、なぜ八戸にもあるのか。そしてなぜ、蝶と一緒に眠っているのだろう。

二階堂体操塾で出会う

藤村蝶は一九〇八年、八戸市十一日町で材木商を営む家に生まれ育った。青森県立八戸高等女学校（現・八戸東高等学校）の卒業証書によれば、教育や手芸の実技、自由選択で選んだ英語を学んでいた。得意としたのはスポーツだ。校長の三田藤吾が女子スポーツに関心があり、一九二三年には全国にさきがけて校内スケート大会を実施している。さらに、二階堂体操塾（現・日本女子体育大学。以下「体操塾」）出身の教員・工藤キヌもいたことから、当時にしてはめずらしく、肌を露出する海水浴も毎年の恒例行事だった。スケート大会を連覇していた蝶は、工藤の勧めで体操塾へ進学することになる。そこで出会うのが一年先輩の絹枝だ。寮の部屋が隣り合っていたという。

絹枝と親しくなったきっかけははっきりしないが、蝶の姪・今野和子さんによると、自らも陸上をしていた蝶が体を壊し、絹枝のサポートにまわるようになったようだ。蝶は面倒見がいい性格だったという。

蝶は体操塾を卒業したあとは福岡で就職する予定もあったが、絹枝の頼みで一緒に大阪へ行き、生活をともにすることになる。大阪毎日新聞社の運動部記者に内定していた絹枝が、陸上競技で生きていく意思を蝶に伝えて同居を頼み込んだともいわれ、よほど親しくなっていたことがうかがえる。当初は軽い気持ちで引き受けた蝶だったが、絹枝が死去するまで五年間、生活をともにすることになった。

絹枝に関する論文や評伝などには、蝶に言及したものは少ない。もっともふたりの生活に迫っているのが、絹枝の自伝の編集も務めた戸田純の著作『絹枝恋い　僕の人見絹枝伝』だ。口絵には絹枝と蝶のツーショット写真が三点、掲載されている。絹枝の練習を見にきた様子、家の縁側で一緒にくつろぐ姿、絹枝の実家を訪ねたとき。いずれも、ふたりとも満面の笑みを浮かべている。そしてもう一点、三匹の猫を膝に乗せてほほ笑む絹枝の写真も同じページに添えてある。同書によると、蝶は体操塾で体調を崩しがちな絹枝を気遣ううちに親しくなり、休日には新宿へ買い物に出かけたり、本屋に寄ったりするようにもなったという。

絹枝は、岡山県岡山高等女学校時代に走り幅跳びで日本女子新記録（非公認）を出してから、三段跳び、二〇〇m走、立ち幅跳びなどで世界新記録を打ち立て、一九二六年にはスウェーデンで開催された第二回万国女子オリンピックで個人優勝するなど、世界女子陸上史に残るスプリンターに成長していく。蝶と同居し始めたのは、すでに国内では多くの記録を出して多忙な生活を送るようになってからだ。一九二八年にはアムステルダムで行われた第九回オリンピックに日本人女性として初参加。八〇〇mでドイツのラトケと死闘を繰り広げ、日本女子選手初のメダリストとなった。その間、目が回るほど激しい競技生活を送りながら、大阪毎日新聞社の運動部記者として夜遅くまで働き、後進の指導や講演活動にと、休む間もないままひた走る人生だった。

絹枝には幼い頃からスポーツだけでなく、豊かな文才もあった。小学六年のとき、絹枝に短歌を教えた教諭の岡崎静子はそのずば抜けた感性に驚き、本格的に教えたい欲にかられた。スポーツで「世界のヒトミ」と騒がれるより、歌人として有名になるのではないかと岡崎は予想したほどだ。

絹枝は激情家で、純度の高い感情があふれそうになると、それを抑えたり、丸めたりできない不器用な人でもあった。それはこの世を去る直前まで続いた。絹枝の短歌は、きまじめで素朴な個性をそのまま伝えており、その目に映った世界も鮮やかに描いている。時期ごとの作品を紹介しながら、蝶との人生をふりかえってみたい。

日記に綴った少女同士の「恋」

午后《ごご》の陽の照れるコートに我が打てる　ボールの音の高きうれしき

テニスにはまった岡山高等女学校時代に絹枝が詠んだ歌である。

絹枝は比較的裕福な農家に生まれ育った。父・猪作は、いまでいう社会事業や福祉の方面に尽くす、村の名望家だった。幼い頃から活発だった絹枝は、けんかで男の子を負かすこともしばしば。男子は口で負かされると「人見のバッサイ（お転婆を意味する方言）」とからかった。

女子教育に理解がある猪作の方針と教員の勧めも受け、絹枝は名門の女学校に進学。さっそくテニスに夢中になり、お花やお茶をやらせたがる母・岸江を説き伏せてラケットを買ってもらった。腕はめきめきとあがり、大会でも優勝を果たした。

「岡女《おかじょ》の人見」と、またたくまに絹枝の身体能力は知れわたった。そんな折、絹枝は陸上競技部の頼みで走り幅跳びの競技に臨時出場する。ここで早々に四m六七の日本女子新記録を叩きだしたのだ。じつはこのとき脚気《かっけ》を病んでいたが、「母校のために」と頼みこまれると弱いのが、絹枝という人だった。当時は個人競技というより学校代表という風潮が強く、責任感が強い絹枝は奮起し、持てる力を引き出したのだ。のちに絹枝はこの走り幅跳びで、スウェーデン大会にて優勝することになる。「世界のヒトミ」に向けて、大きな一歩を踏み出した瞬間だった。

岡女の校長もスポーツ好きだった。絹枝の記録を聞きつけると、体操の教員らと人見家を訪れ、「ぜひ東京の二階堂女塾に進学を」と説得した。体操塾を開いた二階堂トクヨは、女子高等師範学校を卒業後、文部省の留学生としてイギリスのキングスフィールド体操専門学校で学び、帰国後は日本女性の体力向上のために体操塾を開いた先駆者である。絹枝を女子高等師範学校に進学させようと考えていた両親は、いったん断ったものの、体操塾の話に夢中となった絹枝が両親を泣き落とし、上京が決まる。

こうしてスポーツで頭角をあらわす一方、絹枝は文学の表現力も磨いていた。絹枝に短歌を教えた教頭の福間俊次郎によると、絹枝は月例短歌会「新草会」で、ほかの生徒が一首つくるところを五首ほど詠むなど目を見張るスピードをみせ、独自の表現法も編み出していたという。

次の作品は、女学校までの通学路を描いたと思われ、絹枝の生活圏の情景が目に浮かぶ。

草深き道のかたへの辻堂の　小さきあかしをなつかしみ見る
牛追ひて我家にいそぐ童の　口笛響く里の夕暮
ま向ひの青田の上のクモの糸の　朝のさ霧に白く見ゆるも
淋しさに一人かど辺《べ》に立ち居れば　もみする音の重くひびけり
もみずりの音しみじみときき居れば　いつしか青き月の光れり
我が命刻むが如くすすみ行く　時計の針を淋しく見つむ
風渡る雑木林にふみ入れば　枯葉の嗅《にほ》ひ身にせまり来る

絹枝のあふれる表現欲は短歌以外にも向かった。ブームを迎えていた少女雑誌への投稿だ。絹枝は女学校時代、「岡山野菊」のペンネームでしばしば『少女倶楽部』に投稿、西条八十《さいじょうやそ》の選による童謡四行詩が佳作で掲載されたこともあった。

二〇〇五年、少女時代の絹枝が心情を生々しく綴った史料が、人見家で見つかった。女学校の卒業を控えた一九二四年一月から、体操塾一年の一一月、絹枝一七歳の日常を綴った日記、その名も「心乃友」だ。二〇〇八年に発行された『生誕100年　記念誌　人見絹枝』に、プライベートに配慮して一部が掲載され、解説が付されている。

女学校時代の日記に目立って登場するのは、同級生の「亥久ちゃん」だ。いくつかの記述を拾ってみただけでも、親密さがうかがえる。――「亥久ちゃんとほんとに姉妹だったら、どんなにうれしいだろう」「女が男の中に入っているのは昔の者からみたら変に思えるかも知れないが、私はあくまでそんな意地のよわい女に生れていないのだ」「愛する姉、妹に対する恋だ。自分をよくよく練磨して愛する君の姉とも妹ともならん事を祈って止まない」「亥久ちゃんが学校を休む。神よ願わくば愛する妹に病魔をさけさして…」といった具合だ。卒業を控えた二月以降は亥久ちゃんの記述がさらに増え、「いかにせん恋する人の心にもわれ別れ行く人の心よ」と別れを惜しんでいる。

卒業が近づくにつれ、亥久ちゃんとの別離のつらさが募った。――「愛する人も私の心は一日一日と深められ、そして別れることが淋しくなる許し、あゝ別れの淋しさよ」「藪の中へ入って二人話をする。もうこんなことをする日はいつあるのだろうか。いつ迄もいつ迄も居りたい二人でこの中へねて起きたいと思った」。卒業式を経ていよいよ別れが近づくと、お泊り会の許可がおりた。「亥久ちゃんがとうとう一夜泊まる事を承知してくれた。一夜中話をしてみた」。また三月のページには、『少女画報』に連載していた吉屋信子の小説「花物語」の表紙絵を模したと思われる花と蝶のイラストが描かれている。吉屋の作品は、「絹枝にとっての亥久ちゃん」を表現したいと思わせるのに十分だったのだろう。

少女雑誌・「エス」・フェミニズムへの接近

いたづらな神の仕業にさそはれし　友の身をば気づかひ見たり
愛すれば愛する程に苦しみの　身をこがし行く世の中のさま
友なやむ心しらねどひたすらに　なぐさめて見し幼き我は

体操塾では二階堂トクヨも和歌に親しんでおり、授業ではトクヨの実弟が指導していた。右の三首は、「心乃友」に記されたもの。日記によると夜に詠むことが多かったようだ。体操塾には全国から生徒が集まっていたから、環境の変化も絹枝の表現に影響を与えていったことが伝わってくる。

体操塾での絹枝は、一七〇cm近い高身長から「六尺さん」とも呼ばれ、人気者だった。「心乃友」には、トクヨに怒られたこと、授業で感じたこと、ホームシックのつらさ、そして学友に対する気持ちなどが素直に綴られている。当初は亥久ちゃんが登場するが、入学した四月には早くも先輩の「大石様」が代わるようにして絹枝の心を占めていく。「今城さんより大石さんにうつりしこと。ずい分苦しいこともあった。しかししかしその中には楽しい姉妹の如き生活も出来て行った。しかししかし私は多情だ。悲観した。この声ほんとに真実だ」とあるように、「心の友」は亥久ちゃんから今城さんを経て大石さんへと気持ちが移っていったようだ。

また、こんな記述もある。――「男性!!!きくもけがらわしい。私はほんとになやむ。小さき胸を苦しめつ、人々からの言葉を何げなくうけるかなしさよ。ああ!!先生に今日申された言葉、いつの日いつの年又忘るべき。かかる許《ばか》りかなしき我身をしるならば、父母の膝下に遊びつつ楽しき日をば暮すのに、ああつみふかき我身かな」。先生はどんなことを話したのだろうか。男性への嫌悪感を綴っていることと、当時のジェンダー規範による「常識」を考えると、結婚に関する内容だったのかもしれない。なお、当時の女子陸上選手は学生のうちだけ活動して早々に結婚して引退するのが「普通」であり、のちに絹枝はそうした日本のあり方を厳しく批判するようになる。

さて、前述の「大石様」に関する日記、二日後にはさらに濃い感情が綴られている。――「ああ私はこの日は忘れ得ぬ日だ。大石様！私は大石様とおよびするより外に云う事は出来ない」。

大石様とは、体操塾二期生で一期先輩の大石（中尾）さと。大石様の登場回数はこのあとぐっと増え、大石様との出来事に心浮き立つ日々が鮮やかに綴られていく。ある日は、「ああ忘れ得ぬ日!!!一生を通して決して決して忘れられぬ事であろう。（……）夜二人外へ出て、ほんとに心から心から涙をながす。ああ忘れられぬ」と書きとめる。

一方で、相変わらず雑誌への投稿も欠かさなかった。日記では投稿作品の表現に格闘する様子もうかがえる。また、岡女時代に女性の人身売買を問題視したベストセラー小説『人肉の市』を読んで、「男子に絶対服従、そんな事はないはずだ。男に勝て、いかにしても男に勝て。

強く生きよ、愛する女ら」と、自分と世の女性たちを鼓舞するように、意志を書きつけたこともあった。絹枝はこのあとアスリートとして記者として活動するなかで、フェミニストとしても目覚めていくが、その出発点はこの頃の雑誌投稿や読書にもあったのかもしれない。

出会って二ヵ月ほどがたち、呼び方が「大石様」から「大石さん」に変わっていくあたりから、大石さんの機嫌に翻弄される姿もうかがえる。関係を壊さないように絹枝がつねに気を遣っていたようだ。

クィアネスを志向した文芸誌『番紅花《サフラン》』

少女雑誌にのめり込んでいたのは絹枝だけではない。投稿するほど熱心ではなくとも、当時は多くの女学生が愛読していた。

明治末期から「お目」(「男女《おめ》」とも)と呼ばれた女学生同士の親密な交際はロマンティックなものとみなされ、少女雑誌のブームとあいまって「エス」(シスター)という言葉で広まっていた。女学生同士でなくとも、『青鞜』の同人たちの噂話や娼妓の心中事件、無産階級の女工たちの関係も、雑誌メディアからうかがい知ることができる。かつての「お目」が異性愛主義的なイメージをまとったのに対し、エスは女らしさと「姉妹」的な意味合いを含み、女学校の上級生と下級生、女教師と生徒との親密な関係も指していた。とはいえ、その関係性はあくまで異性愛規範をおびやかさない範囲のものとされ、「美しい友愛」であり、性欲とは別物という位置づけだった。女性には性欲がほとんどないという「常識」に加えて、性科学が同性愛を病理化していたからだ。創刊ブームを迎えていた性科学雑誌によって、そうした言説が社会通念となっていた。

女性同性愛が「世に知られた」のは、一九一一年に新潟県の親不知《おやしらず》海岸で起きた女学生心中事件が、同性愛という視点で報じられたことがきっかけだった。同性愛者は、近代になって「発見」されたのだ。一九二〇年代になると女学生の退学事件が増え、吉屋信子や与謝野晶子らの言説から、女学生の「エス」が性的なイメージのない、「清らかな」ものとなっていく。エスや女性同性愛は「新しい」ものだった。

性科学の言説により同性愛が病理化される一方で、同性愛者のアイデンティティ尊重を訴える者も同時代にいた。たとえば、イギリスの詩人で社会主義思想家のエドワード・カーペンターは同性愛を「中間の性」と呼び、病理化言説から解放し、かつ性を生殖から解放することを主張していた。カーペンターの著作は邦訳され、なかでも山川菊栄（当時は青山菊栄）が雑誌『番紅花』に連載した「中性論」の翻訳は、吉屋信子ら当時の女性知識人にもよく読まれたという。カーペンターの同性愛擁護の言説は、日本では社会主義者によって無産運動や社会主義と結びつけて人間愛ととらえる向きもあったが、菊栄は、彼のフェミニストとしての側面に公平な人間性をみて晩年にも高く評価している。カーペンターのクィアネスをすくい取って日本の女性解放のために紹介したのは、菊栄だけの功績といっていいだろう。

『番紅花』は、『青鞜』の同人であった尾竹一枝（紅吉）が青鞜社から抜けたあとに創刊した雑誌である。一枝は、平塚らいてうと同性愛的関係にあったとされるが、らいてうから一方的に別離を告げられ、やがて異性愛を志向したらいてうらの『青鞜』に対抗するようにして『番紅花』を創刊した。同誌は、一枝や菅原初による女性同性愛をテーマにした文学作品を掲載しており、菅原初はいまや無名だが、『青鞜』にも女同士の関係をテーマにした小説を寄稿していた。

のちに絹枝と蝶の同居生活はゴシップとして大衆誌で書き立てられるようになるが、この頃からセクシュアリティをめぐる言説がメディアをにぎわす背景があったのである。

メンターのフェミニストに出会う

穴に入り袋に入りてかくれんと　廿《にじゅう》にならん頃は思いぬ
相見ての言葉交さぬ君なれど　いとなつかしく我は慕えり

右の二首は、体操塾を卒業した絹枝が、京都市立第一高等女学校の教員になったときに詠んだもので、二〇〇〇年に発見された。一首目は、赴任先の初々しい女学生たちを見つめる絹枝の心情である。二首目は、写真が添付されていたことから、女学校時代に憧れたフランスのテニスプレーヤー、ランランを詠んだとされている。忘れ得ぬ親しみを宝箱にしまっておきたいという意志が、「なつかしく」というひと言にこもる。絹枝は、甘くもあり苦しくもある憧れという感情を表現するのに長けていたように思う。

その後、絹枝はトクヨの要請を受けて体操の実技講師として台湾各地をまわり、帰国。同じ頃にトクヨの念願がかなって体操塾が専門学校に昇格し、日本女子体育専門学校となった。それまではトクヨの指導により選手ではなく指導者として動いてきた絹枝は、これを機に大阪毎日新聞社に入社、運動部記者をしながら本格的に陸上選手としてあゆんでいく。大阪毎日は女子スポーツ欄に力を入れており、運動部には絹枝を迎えるための体制が整っていた。

入社した一九二六年は、自著『女子スポーツを語る』に書いているように、女子陸上競技にとって「一大革命」があった。第二回万国女子オリンピックに日本が初参加したこと、日本女子スポーツ連盟が創立されて国際女子スポーツ連盟に加入したことである。オリンピック競技から女子が排除されてきたことに対して、ヨーロッパでは女子選手らが抗議して独自に国際大会を立ち上げていた。絹枝のメンターとして親交を深めたフランスのフェミニストであるアリス・ミリアとイギリスのソフィー・エリオット・リンが前述の国際女子スポーツ連盟を設立、一九二二年にパリで最初の女子オリンピックを開催した。一九二六年にはスウェーデンのヨーテボリで、一九三〇年にはチェコのプラハでも開催し、絹枝はその両方に出場している。

スウェーデンに選手として現れた絹枝を見て、人々は度肝を抜かれた。当時はまだ、日本人女性というと浮世絵に描かれているような着物姿でしずしずと歩くイメージが定着していたからだ。絹枝も、ヨーテボリの町を訪れたとき、人々が目を見張るのを肌で感じた。

絹枝が、たった一人の日本人女子選手としてヨーテボリに赴いたのは一九歳のときである。ここから、重圧と闘う日々が幕を開ける。――「勝てば日本の人は盛んに迎えてくれる、然《しか》し私は負ける事は解《わか》つている、負けた時は日本の人は、私の友は、先輩は、後輩はどんな顔で私を見るか」。「死出の旅」という悲壮な覚悟で日本を発ち、現地に着いてからも不安で一ヵ月はろくに眠れなかった。一方で、「而《しか》し私は幸福であつた」と、代表選手として世界の強敵たちと戦えることを誇ってもいた。そして、自らを奮い立たせるために「大和魂」を心に思い描く。「日本魂《やまとだましい》はちきれるばかりに身をつつんで」しまい、入場式では「血のやうな涙が惨《にじ》〔ママ〕み出た」。

現地で出会ったリトアニアの選手団（といっても四人）は、「リトアニアという国があるということだけ知らせてくれれば、勝たなくてもいい」と言われていると聞いた絹枝は羨ましくなり、勝利を厳命された我が身を思って涙がにじんだ。女学校時代は「学校のために」といわれ、今度は「日本女子スポーツ界のために」といわれ、国家代表として恥ずかしくないよう役目を果たさなければならない。会社や世間が満足する結果が出なければ、「やはり女性はまだまだ」といわれるからだ。女だてらに国家代表をさせてもらっているのだから、男性以上に頑張らないといけないというジェンダーの呪縛により、絹枝はガチガチになっていた。その都度、感情が高ぶり、とめどなく涙が流れるのだった。

「世界のヒトミ」を「あねご」と呼ぶ男たち

スウェーデンから帰国後の一九二七年九月二〇日、絹枝は蝶の母校である八戸の女学校で講演をおこなった。八戸行きは蝶の故郷ということもあってか、心が休まったようだ。近年、発見された八戸での絹枝の写真も、表情が柔らかい。翌一九二八年には柔道家の嘉納治五郎らと八戸を訪れ、絹枝は女学校で陸上指導にあたっている。同年の九月には二週間の休暇をもらい、新潟県の長岡高等女学校を訪れている。長岡行きは蝶と一緒だったとされる。

絹枝は蝶の案内で何度か八戸を訪れた。八戸の風土を愛し、「青森は第二の故郷」とも周囲に話すようになったという。当時、絹枝の講演を聞いた生徒は、半世紀以上たってもその印象を鮮烈におぼえていた。鈴木きみさんは七八歳になったとき、記憶のなかの絹枝をこう語った。——「昭和5年の秋、私の通っていた女学校に人見さんが講演に来てくれました。初めてで最後になりましたが、長身痩軀、さっそうたる意気をみなぎらせたその姿は、今もまぶたに浮かんできます。その頃まだ十分に開かれていなかった女子スポーツの門をこじ開けるように、わずかずつ切り開いていった彼女の日本女性へのたぎる思いのなかで、一女性としての希望、不安、いらだち、悲しみがストレートに私たちに伝わり、満場が泣かされました。そのころ、ソロリと足元に病魔が近づいていたことなど知る由もありませんでした」（小原敏彦「語り継がれる人見絹枝」）。

再び絹枝がひとりで大会に参加したのが、一九二八年にアムステルダムで開催された第九回オリンピックだ。ここで狙っていた一〇〇mで予選落ちしてしまったことで進退きわまり、練習したことがない八〇〇mにエントリーする。スウェーデンのときよりも格段に日の丸が重く、負けたら生きて帰れないと思い詰めていた。

スタートダッシュで作戦通りトップに出た絹枝に対してドイツのラトケが猛スピードで飛び出し、一周目は六位に終わった。二周目に入ると、絹枝はもう計画も何も頭から払いのけ、がむしゃらに走り、死ぬ気で腕を振った。気づくとゴール際に倒れ込んでおり、二位でメダルを獲得していたのである。この走りは身体を消耗し、一位のラトケとともに意識を失って医務室に担ぎこまれた。これをマスコミが誇張して報道し、医師は生殖機能に影響を及ぼすとしてことさらリスクを強調した。さらにIOCが、これを機に女子の八〇〇mを第一六回大会までオリンピック競技から排除したのである。

「世界のヒトミ」は海外のメディアを驚かせ、「日本女性観は間違っていた」などと報じられた。その一方で、日本のメディアはいくら絹枝が世界的な存在になろうと、「日本の女子」として都合よくジェンダー規範で縛るのだった。また、普段から情熱的で頼れる人として親しまれていた絹枝のことを、一緒に出場した織田幹雄は、「世話女房型で、アムステルダム大会では、男子選手に『あねご』と呼ばれ」たと述べている。のちにプラハに同行する村岡美枝は絹枝を、苦労性の人、頼みがいがあり誠実な人、と語り残している。面倒見がよく素直な絹枝は、移動中の電車の中で男子選手の縫物をしてやったり、励ましたりしていた。とはいえ、年上の男子選手らからの「あねご」という呼び方には、気安くケア（雑用）を頼んでいいのだという無自覚な軽視や揶揄があったのではと勘繰りたくなる。自分たちよりはるかにプレッシャーがかかっていること、頼まれると断れない絹枝の性格を彼らも知っていたと思われるからだ。

女子選手を襲うメディアの暴力

時代は大衆的な新聞・雑誌の発行ラッシュを迎えていた。新聞社に勤める絹枝は、アスリートとしての立場からもメディアの報じ方には気を遣っていたが、自分がネタとして消費されていくにつれて、心をすり減らしていく。

絹枝がメディアの発信について批判した記事「選手と新聞記事」では、スポーツの情報発信には新聞の力が大きいとしながらも、ときに「選手に対して煽動的な記事をほしいまゝに」することで、選手の精神を疲弊させてしまうこともあると指摘している。また、一般紙や婦人雑誌に対しては、売り上げのために選手のプライベートをおもしろおかしく書き立てることを批判。絹枝のよきライバルだった寺尾正《てらおきみ》・文《ふみ》の双子スプリンターが、久米正雄の恋愛小説「双鏡」のモデルにされたことで両親が激怒し、競技をやめさせられたことにはとくに腹を立てた。

そして絹枝自身も、メダリストとして帰国してさらに知名度が上がると、マスコミの下衆な消費の餌食となっていく。とくに外見を揶揄する記事は後を絶たず、絹枝は「珍獣のように眺められている」と語っている。蝶との同居生活も誹謗中傷のネタとなった。

絹枝は当初、体操塾の後輩だった蔦原マサヲと蝶と三人で暮らしていたが、マサヲが仕事の関係で一年ほどして引っ越していくと、絹枝の身の回りの世話を担当する蝶と同性愛の関係にあるのではといったゴシップが増えていく。

そうするうち、選手としても、自分のめざすアスリート生活と「評価」との落差に引き裂かれそうになるのだった。どれだけ好成績を残しても、その先を急き立ててくる声が耳元にこびりつき、死ぬまで絹枝を苦しめた。葛藤や報われないむなしさを、絹枝は次のようにあらわしている。


私は自分の競技生活を、人の言う如く花々しいものとも、楽しいものとも、また人に尽すことも、女子スポーツ界に幾分の貢献せんとする小さいながらも一生懸命な念願も、殆んど心から失せてしまって、

『何の為のスポーツだ。自分のみの楽しみにしているスポーツではないか。世界の選手が何だ。よってたかって世の中のわからない人等が、私を知らぬ間に世界的の選手としたのではないか。勝手なことを言っては困る（……）』

と、私の心の中には非常に大きなエゴイズムが湧いて、人をうらみ世の中を毛ぎらいする気風が、その都度濃厚になって行くのを感ずる。もっともっと私の心が小さかったなら、私は決してスポーツの道にこうして長く、足を止めていなかったであろう。もっと私がよわく、スポーツに対する、ある信念がなかったなら、私はこうしていなかったにちがいない。（人見絹枝『炎のスプリンター　人見絹枝自伝』）

ここから抜け出すには、金メダルを取るしかない。そうすればすっきりと引退できるだろう——絹枝はそんな風に、「終わらせる」ことを目標にするようにもなっていく。そうするうち、「あり得たかもしれない幸せ」に心が移ったりもした。

私は一日として自分の体を自分の心の欲する儘にした事はなかつた。活動写真も好きなお芝居も見たかつた。社の休みは国に帰つて父母に孝行もしたかつた。友と野山を散歩したい秋も春もあつた。然し私はたゞ自分の社の仕事以外は凡てのものを犠牲にして之にかゝつた。

心の中は片時も緩んだ事もなかつた。二度の遠征には私は非常に重く責任づけられた。寒い寒い冬の日等は吹雪を口に入れながらトレーニングに冬を征服し、美しい春は遊びたい心をあくまで圧し続けた。大阪の夏は暑かつた。私はわざ〳〵涼しい所を選んで夏季練習に出かけた。四季の中、私は何を楽しみ何を忌むと云ふ事は年中ありませんでした。たゞ私は一年中が一日でありました。（人見絹枝『スパイクの跡』）

しかし結局、いくら死力を尽くしても人々は満足してくれなかった。いつまでもいつまでも。絹枝が書いているように、絹枝の身体も時間も、絹枝のものであって絹枝のものではなかった。

走り抜けて見つけた「救い」

さて、一九二九年に絹枝は三種競技、二〇〇mで世界新記録を出し、翌年はプラハで行われた第三回万国女子オリンピックに後輩五人をつれて監督・コーチ兼選手として参加した。これまでとは違い、指導者として日本女子スポーツ界を発展させるという使命を背負っての参加だ。しかも、出場するための資金繰りの役も絹枝が背負った。ほとんど借金と募金で賄い、自著の印税もつぎこみ、また細かな事務手続きなどすべて自分でこなしたというから驚く。そこには、文部省への補助金申請やら各地方官庁への交渉などの大役も含まれた。

派遣費用は一万五〇〇〇円（現在の約五〇〇〇万円相当）。当時の小規模女子スポーツ団体にしてはとてつもない額だった。連盟では費用捻出のため何度も会議を重ねたが、相撲興行や宝塚歌劇などリスクの高い案しか出てこず、慎重な絹枝はこれに大反対だった。そこで絹枝が提案したのが「一口募金」だ。女子の大会に女子選手を送り出すのだから、それを支持してくれる人たち、つまり女学生に支援を求めるべきだとし、全国の女学校に一口五～一〇銭の少額寄付を募るというものだった。これなら「自分たちの代表を送り込むのだ」と応援するつもりで気軽に参加できる。絹枝は意識を高めてもらうよう全国の女学校を行脚して講演をこなし、その甲斐あって出発の三日前に五〇〇〇円の超過で目標額を達成できた。

プラハ大会では各種競技に出場し、好成績を残した。賞品授与式では各国選手が言葉を尽くして絹枝を祝ってくれ、ホテルに戻った絹枝は、ここまで突っ走ってきたことを思い返しては気持ちが高ぶり、寝つけなかった。――「四年間のすぎこし方が、次々にたぐられて行くのであつた。大過なくすぎて行つた四年間、二度のオリムピック大会、私の命でなくてなんであらう。／両眼に浮かんでゐる涙の玉は消へる暇もなかつた」（人見絹枝『ゴールに入る』）。

走り、跳んでは苦しみ、また走って悦び、自分のなかに生まれた言葉を書く。その繰り返しは、ときに絹枝を癒した。こんな透きとおった言葉も残している。――「大正十五年（一九二六）スタートを切った競技生活に四年後の今日、昭和五年（一九三〇）十月、今すべてのゴールサインをしてしまったのだ。私の心のよろこびも、気軽さも、そして荘厳な程すみ切った私の頭の中も、私以外には語ることも話すことも出来ない『救い』であった」（『炎のスプリンター人見絹枝自伝』)。

ところが、プラハ大会後に続けて出場した欧州大会では、心身ともに不調が続く。風邪で三八度の高熱を出しながらも勝利をおさめ、月経時の不調は薬と注射で抑え、無理やり出場した。そこに追い打ちをかけたのが、「人見嬢振わず」「前回にその成績は劣る」といった日本から届くメディアの報道だった。さらに、成績がふるわなかった後輩たちも非難を浴び、みなひどく傷ついた。準備段階から「一口募金」や後輩の指導などに尽くしてきた絹枝もこれには耐えきれず、国内の反応を厳しく批判している。

こうした極度の重圧を抱え込んだまま、絹枝の心身はむしばまれ、帰国までに体重が八kgも減ってしまった。帰国後、岡山の実家で絹枝を出迎えた父の猪作や姉・寿江は、やつれはてた絹枝をみて言葉を失う。一緒に湯船につかった寿江は、骨ばった絹枝の背中をみて胸を詰まらせた。

休養する間もなく、絹枝は女学校や自治体などの求めで再び講演に飛び回った。絹枝は年間二〇〇回ほど講演をこなしていたとされ、この折のスケジュールを見ても、いくら若いとはいえ体がもたなかったと思われる。帰国の翌日には大阪毎日新聞社で報告を兼ねた帰朝講演、その五日後には東京講演で一〇〇〇人ほどを集めた。約二ヵ月後、年が明けた一九三一年一月には大阪、伊丹、名古屋、京都。二月は再び名古屋に三重、東京、高知、徳島……といった調子だ。しかもこの間の二月には、最後の自著『ゴールに入る』を出版している。体調は回復せず、この頃には薬と注射器、吸入器が手放せなくなっていた。帰国後、喉の痛みが治らないことから処方されたものだった。講演に出かける前に吸入器の芯をとりかえ、酒精を瓶にみたし、清潔なタオルを添えて吸入器セットを用意するのは蝶の仕事だった。高熱を出しながらも「転戦」した苦しさを絹枝が振り返ると、蝶は絹枝の指導者であり医学の知識もある木下東作に対して「許せない」と怒りを募らせた。後年、「人見さんは、異常なほど自分に厳しかったから……」とも蝶は語っている。「一口募金」のお礼もあり、義理堅い絹枝は断れなかったのかもしれない。

身体表現から得た絹枝だけのフェミニズム

君のゆく欧路の旅に幸あれと　我は祈れり今日の別れに
シベリヤの広野の旅に睦びたる　えにしも深き思ひ出ならん

記者・選手になってから絹枝が詠んだ歌の数は、初めて欧州を訪れた一九二六年のスウェーデン大会から数えて三度目の渡欧にあたる一九三〇年、そして没した一九三一年に集中している。右の作品は、モスクワを経てスウェーデンのヨーテボリに入り、九日間の長旅をともにしたシベリア鉄道への惜別を表現したものだ。モスクワ到着時に、同行した今井兼次早稲田大学助教授にこの二首を贈った。

次の二首は、大会開始前の様子。当時の記録や報道からは伝わってこない、〃アスリートとしての生活が垣間見える。

美しく手入れされた芝草に　ひとりぬき出しタンポポの花
戦ひのあと十日にもせまりたり　トランプとりて占ひなどす

プラハ大会の前後は、体調が悪化したことから成績が落ちた競技もあった。ハルピンで詠んだ次の五首と、モスクワへ向かうシベリア鉄道で詠んだ一首はわびしさが募っていくようにみえる。「キャバレー」とあるのは、後輩たちがキャバレーに行きたいと騒いだことを指す。初めて外国に来て浮かれ、自己管理をおろそかにする後輩たちに絹枝は手を焼き、疲れ果てていた。三首目の「友」は、絹枝のケアを続けて見送ったであろう蝶を指すと思われる。

翠こき松の茂みに北陵の　瓦に落ちる夕映えの赤き
土の色も見せで波うつ高粱《コーリャン》の　畠のつづきつきる果てなし
友よさらばいますこやかに旅立たん　祈りて給へ吾がこの仕事《わざ》を
キャバレーの興味も湧かず床に入る　わが心はも老いしとぞ思ふ
キャバレーを見ると興ずる少女等《こら》と別れ　床に入りたりハルビンの夜
いさかひて少女等《こら》を憎みて見もしたり　長き旅路のつれづれの間に

プラハ後の欧州遠征で体調を崩してからは、定型が崩れ、厭世観、疲れがあらわれたような散文風の作品も出てくる。以下の三首は、コロンボで若い選手たちにつき合って、嫌いな見物をした気持ちを詠んだもの。なお、絹枝がジブラルタルの洋上で喀血していたのを後輩の村岡美枝が見ていて、五〇年後に明かしている。蝶もまた、帰国後に自宅で喀血した絹枝を介抱したとき、本人からそのことを聞いたという。

人のアラが見えて次第に自分が淋しくなる　アサマシヤアサマシヤ
コブラ見てあはれ何かと馬鹿もあり
菩提樹は緑に、仏の顔は光もせで　妙な心地の寺詣で

日本に近づくと、メディア評がかんばしくなかったことが思い出され、より気鬱があらわれている。この頃には、飲めなかった酒を求めるほどの精神状態になっていた。

又船出次の港は香港か故国に帰る胸がざわつく　よろこびか、かなしみか誰か判じておくんなさい
起きて寝て寝ては起きるがまださめよ　頭はいつも夢半ば　シンガポールの暑気あたり
近頃面白きこと一向なし、心もさらにさえず　ビールの味のみ生る

絹枝は、とくに欧州の女子選手たちと交流しながら世界を知り、日本の女子選手のおかれた

環境があまりに遅れているのが歯がゆかった。そのギャップはひとりで埋めるには大きすぎ、さらに自分に対する重圧や中傷も加わったことで、すべてを抱え込んだまま押しつぶされていった感がある。

当時の日本の女子スポーツは、若い人のみがするものとされていて、社会人や既婚者などスポーツ専攻の学生以外にはさほど開かれていなかった。たとえばイギリスの盟友ガン選手が結婚直前も競技に出場して絹枝を負かし優勝したことに驚いた絹枝はこう述べた。――「日本なんかであつたら花嫁として家の奥深くはいつている時分なのに此の友の活躍の立派さとそしてそれをやる英国の女性の強さと、国民の理解と言ふよりスポーツに目醒めた英国を思ふ時一種言ふべからざる尊敬の念に耐えなかつた」「現代の陸上競技が女子の体に悪いとかとりとめのない何の研究もしないで世間の人等に言ひ広める我国の医者や女学校の校長の鼻先に此のことをたゝきつけてやりたい一大快事である」。絹枝は女子が運動する意義を「第二の国民を作る母性の身体改善」として国家の意図には沿いながらも、世界を見るうちに「女性の仕事も多くなつた、因襲的な道徳観なんかいつの間にかどこかへとんでしまつた今の世の中である」と、性別役割分担を批判するようにもなる。それだけに、一九二七年に文部省が中等学校選手の総合的競技会への参加を禁止すると、「千年のうらみでなくてなんであらう」と、憤りをあらわにしている。

なお、絹枝を「娘」と呼んだアリス・ミリアとは、世代と民族を超えたシスターフッドを結び、苦しむ絹枝にとって支えであり続けた。絹枝はアムステルダムから帰国後、消耗しきった心情をさらけ出すようにして弱音を書きつけた手紙を送り、引退の意志を伝えた。フランス語と英語を交えたその手紙はアリス・ミリアを感激させ、絹枝への励ましの返信には「しばしは感謝の涙さへ出ない程感激に身を包まれ」たとあった（人見絹枝『ゴールに入る』）。なお、二〇二四年にはフランスでアリス・ミリアの肖像画が描かれた切手が発売されたが、そこにはアムステルダムで激走する絹枝の姿も描かれている。

こうした絹枝の考えからは、当時の婦人活動家には見られなかった、身体表現を通してジェンダー規範を揺るがそうとの意志が読み取れる。また月経とスポーツについても実地に即して見解を自著にまとめており、近年ようやくタブーが薄れてきた「月経を語ること」の早さにも驚かされる。競争から解放された楽しみとしてのスポーツ、心身のケアとしてのスポーツに希望を見出していたことも、絹枝の新しさだ。世界で最前線のアスリートたちと並び立った経験、国内では婦人雑誌や講演で女性知識人らと交わるなかで、絹枝だけのフェミニズムを編み出していったようだ。絹枝のフェミニズムには、世間を向こうにまわしての偏見との闘いも含まれていた。

夢を託したふたりだけの新居へ

絹枝が蝶のことをどう思っていたか。それはもしかしたら、晩年に詠んだ歌にもっともストレートに表現されているのかもしれない。それまでは、歌に心情を織り込み、熱い言葉で各地の女学生たちを沸き立たせ、おびただしい数の文章で使命と夢を語った絹枝だったが、そこに蝶はあまり登場してこなかった。立場的、時代的な制約だろうか。あるいは公私をきっちりとわける日本代表としての自覚からだろうか。絹枝にとって蝶はもっとも親密な空間にいるから、むしろきっちり分けて大切にしたかったのかもしれない。ふたりの生活を振り返ってみる。

絹枝が大阪毎日新聞社に運動部記者として入社してまもなく、最初の著書『最新女子陸上競技法』が出版された。まじめで研究熱心な絹枝は、それまで取り組んできた練習方法や記録、栄養摂取までをノートにまとめていた。これが上司の目にとまり、出版されたのだ。蝶は終始、もっとも熱心な読者であり、絹枝が将来的に文筆で食べていくことを応援していた。

当初、ふたりが住んでいたのは大阪・十三《じゅうそう》の南町である。戸建ての二階の一室、四畳半一間を食事つきで借りていた。絹枝の月給から家賃を払い、生活費は蝶の郷里からの仕送りも足してまかなったという。

しばらくすると絹枝の後輩・蔦原マサヲが加わり、一年間ほど三人で暮らしている。絹枝の数少ない同居生活に関する記述に、一九二七年の年の瀬の様子が描かれている。――「友達三人で一軒の家を借りてゐるのであるが、矢張一戸を構へてゐれば近所に対する年末の挨拶もしなければならない。家主に対して物の一つも贈らねばならない。大掃除もする。越年の用意もする。唯三人が三人共一文の借金を持たない丈に年末が来てもこわくない。大晦日の夜、近所の店で御飾りも小さなのを四つばかり買つて来た……。一は神様に、一つは床の間に、一つは私の大切なカツプやメダルを入れた大箱に、一つは三人の守神、九州有田から持つて来た身の丈二尺三寸ばかりの観世音様に供へた。／床の中で除夜の鐘を聞きながら静かに目を閉じて過ぎし一年を顧みた」（『スパイクの跡』）。

女学校に勤めるマサヲが東京に転勤すると、入れ替わるようにして蝶の妹ミヤが同居することになった。絹枝は姉妹を、「蝶ちゃん」「ミヤちゃん」と呼んでいたそうだ。動物好きな絹枝がよく犬や猫を拾ってきたので、忙しい絹枝に代わって蝶とミヤが面倒をみた。

さて、新聞社で働く絹枝の日常は、次のような意気込みとともにスタートした。当時、女性記者はまだ珍しい存在だったので、絹枝は誇りをもって仕事にあたっていた。


しかし私はこうした場合今迄一度だつて之に対して苦るしいことゝ思つた事もありません。やつて居る事は非常に愉快です。次第〳〵に男の人と同じ様に仕事が出来るかと思ふとなんだか女としての優越感も湧いて来ます。（『スパイクの跡』）

このように「男並み」を自らに課して夜中まで仕事をしていたから、帰りが遅くなることが多かった。

前述したように、絹枝は体操塾時代から男社会の文化、習慣に抵抗を感じていたようだし、アスリートの経験からもジェンダー規範に抵抗を試みたようでもある。だからだろうか、会社でも男性と同等に働けるならと自分に鞭を打つのだが、春・秋のスポーツシーズンには寸暇を惜しんで練習するので疲労がたまった。やがて、新聞社に入ったことに対する後悔や、身体がもたないといったことを吐露するようになる。

蝶は、多忙な絹枝のために栄養がある食事を工夫し、洗濯や縫物など身の回りのケアをまっとうした。絹枝は食べ物にはこだわりがなかったが、岡山と青森とでは味覚が違うからと、隣のおばあさんから大阪の料理を教わってきては試したりもした。絹枝は家でゆっくりすることは少なく、家ですることといえば原稿を書くか、読書くらいだ。小説や歴史の本を読みふけっていたという。食べながら読むことも多く、ときどき本から顔をあげてその日に起きたことを蝶に話した。

三度目の海外大会、プラハから帰国した翌年には、阪急沿線の塚口に戸建てを買い、引っ越した。引っ越しの前月に出版した最後の自著『ゴールに入る』では、タイトルからも、結末の「あゝ凡て終つたのだ。さようなら！」という締めの言葉からも引退を噂されたが、実際に引退後の将来設計をしていたようだ。新居に越した絹枝は蔵書を書斎の本棚に並べ終えると満ち足りた表情を浮かべ、蝶に「引退したら文筆生活に入る」といった夢を語っていたという。蝶はこのときのうれしそうな顔を、後年までよく覚えていた。

蝶とのふたり暮らしは、絹枝に関するゴシップに新たなネタを提供した。ふたりの関係が「エス」だとか、同性愛だといった消費対象としての噂話である。そこには、異性愛規範、家族主義にもとづく揶揄も多分に含まれただろう。蝶は練習にも同行することがあったから陸上仲間たちはゴシップを気にとめなかったが、地元岡山ではうのみにして嫌悪感をあらわにする者もいたという。また岡山の親戚が、「蝶は絹枝に扶養されているのでは」といった憶測を抱いたことで、いつしか絹枝と故郷との間に溝ができ、確執が深まっていく。あらぬ憶測や中傷があったからこそ、絹枝は蝶のことを公には書かなかったのかもしれない。

結局、絹枝が後半生の拠点として夢を託した新居は、一ヵ月もたたずにふたりの生活から消えてしまう。引っ越したその月の一九三一年三月二五日朝、蝶がいつものようにせき込む絹枝の喉に綿棒で薬を塗っていると、むせた拍子におびただしい量の鮮血がシーツを染めた。

病室で詠んだ本心

幸福に思へるこの日は歌も出ず　看護《みと》れる君に抱かれて寝む

絹枝の没後、『少女画報　人見絹枝嬢追悼大画報』（一九三一年一〇月号）に掲載された一六首のうちのひとつである。病床での絹枝は、よく蝶のことを詠った。絹枝が熱心に詠んだ歌をたどってみると、そのことに大きな意味があったように思えてならない。

絹枝は肋膜炎と診断され大阪帝国大学病院に入院。やがて病状は悪化の一途をたどり、結核性肺炎を発症する。蝶は専属の看護師がわりとして、結核に感染することも恐れず、片時も絹枝のそばを離れなかった。絹枝もまた、心おきなく甘えられる蝶だけを頼った。うわごとのように吐き出す恨み言も、自力で吐き出せなくなった痰も、すべて蝶が受け止め、励ました。やせ細った背中をなでるたびに、蝶の胸は締めつけられた。仕事以外に考えない人だった。走ること、書くこと、読書すること、それしかなかった――蝶は後年、絹枝のことをこう振り返っている。

容体は七月半ばに急変する。あとは静かに治療したいとして精神病棟の一室に移ると、「軽井直子」という偽名の名札を病室の外に掲げた。縁起をかついだ絹枝のアイデアだった。蝶は引き続き、一度も横になって休むことなく絹枝につきっきりだった。目を離したら絹枝が逝ってしまうことを恐れていたのだろうか。ほとんど寝ずに看病したので廊下で足がもつれ、看護師に心配されたりもした。そんな蝶を、ときどき絹枝が励ま

人見家で撮影された絹枝（右）と蝶（左）の記念写真（本覚寺所蔵）

した。
次は、病室の絹枝を垣間見るような作品である。病名、あるいは病状を知ったであろう知人たちが自分を避けていることへのさびしさ、不安があらわれている。

紀の国に旅する者のうれしけれ　みかんの味の舌にしみつゝ
久方に訪づれし雨のうれしけれ　心和みてすみて静けし
久方に鏡に向ひ髪すけば　病みてはかなし頬の衰ゆ
スポーツに我身くだけと思ひしも　去年《こぞ》のことなり今は淋しも
無心にもものいひたげないぢらしさ　人形抱きて一ときすぎぬ
夜来れば胸の病の一入《ひとしお》に　身にしみこみて今日もはかなし
かくばかりなぐさめられぬわが心　歌うたひつゝねむればうれし
見舞はれて人の去り行く夕暮は　などかくばかり淋しきものか

絹枝が入院中に詠んだ作品は、欧州大会で疲弊しきった頃の回想も含めて、苦しみや孤独、虚しさといった感情も色濃い。次の歌は、後年まで蝶の記憶に残った作品である。

気違いのあばれてやまず五月雨十日

そして次の五首のうち一首目は、インド洋上で詠んだ歌に似ているようでまるで違う。最後の一首が辞世の句という説、また次の五首に右の「気違いの〜」を含めた六首を絶筆とみる説がある。死去前日の八月一日のノートには、「あかん、死ぬ……女子らしい盛んな気魄とファイティング・スピリットをもって……運命的な……誰が殺すか……生きてみる」との走り書きがあった。

コロンボもスマトラも　やしも思へば夢の種
葉牡丹にやり水くるる人もなし　春ようやくに遠のき行けば
胸ひらき物語り合はん人もなし　この世あまりに冷やかにして
いくら勝たうと思っても敗かしてやる胸の虫
息も脈も熱も高しされどわが治療の意気さらに高し

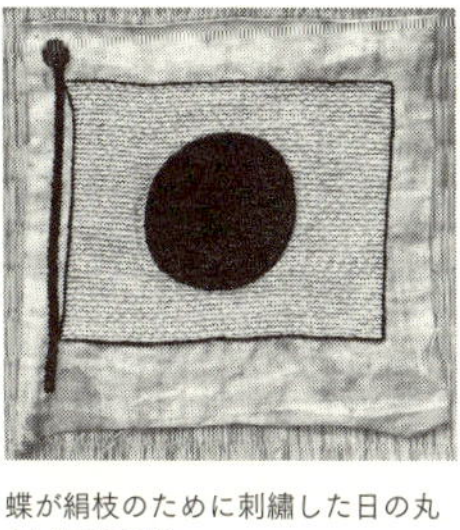

蝶が絹枝のために刺繡した日の丸
（本覚寺所蔵）

プラハで獲得したメダル
（本覚寺所蔵）

最期に表現した蝶への愛しさ

目の前で、絹枝の命が消えようとしている。寄り添う蝶は、自分に言い聞かせるようにして「絶対死なない……絶対死なない……」と、一〇分ほど繰り返したという。それが途切れたとき、絹枝は息をひきとっていた。三年前、死闘の末にメダルを勝ち取ったのと同じ八月二日だった。

臨終に際しての関係者のエピソードを、蝶は後年、絹枝を研究した三澤光男に語っている。絹枝が病床で、「私を人見と呼ばないで、藤村にして」「向こうの親や姉のことを考えると、私は藤村に代わる」と繰り返したという話だ。後者の発言は、大阪毎日の星野竜猪、記者の吉川も聞いたはずだとしている。また戸田純の『絹枝恋い　僕の人見絹枝伝』によると、「一生、一緒に……一生ね」「助けてね、助けてね……」と絹枝が蝶に訴えていたそうだ。

一方、人見家では、絹枝の母・岸江の足が不自由で交通費も足りず大阪まで出にくかったこと、病室を訪ねても部屋に入れてもらえなかったことを、蝶が亡くなる二〇〇〇年に語り残している。蝶は、臨終に際して、「デスマスクを取る」という話をされて嫌な思いをしたこと、絹枝の枕元で「大分お金を貯めたかな」と言われたことも話しており、絹枝の最期においても人見家と確執が深まっていたことがうかがえる。岡山の家族は一緒に住んでいた犬や猫を追い出そうとしたが、絹枝が大事にしていたからと蝶が引きとめ、妹のミヤと面倒をみると約束して残してもらった。親猫はのちに絹枝の愛弟子の松翁俊子が引き取り、子猫四匹は蝶が八戸へ連れ帰っている。絹枝の両親は結局、絹枝が息をひきとる瞬間には間に合わなかった。

絹枝の棺には、気に入っていた犬張子や人形などが納められた。翌日の夕方には阿倍野旧斎場で茶毘に付され、告別式が神式で行われている。人見家は日蓮宗だが、それを知らない蝶が、人見家が到着する前に、葬儀の準備を進める新聞社に神式と伝えたのである。動揺していたこともあり、普段から「神様」と絹枝が試合前に口にしていたこと、「神」と心構えを記していたことから判断したのだという。

告別式が終わると、人見家は塚口の家を処分し、絹枝の家財道具一切とともに、早々に引き上げた。人見家の人たちに遅れて蝶とミヤが塚口の家に帰ると、自分たちの蒲団までなくなっていた。仕方なく、その日は蚊取り線香をたき、下駄を枕にして畳にゴロ寝した。それまでろくに眠っていなかったせいか、蝶は久しぶりに深い眠りにつくことができた。

蝶は告別式の折に、絹枝の両親を説得して絹枝の骨の一部を分けてもらったようだが、細かい経緯ははっきりしない。蝶によれば、絹枝が混濁状態におちいる前、郷里への苦い思いを明かし、骨は蝶ちゃんのところに、八戸に、と頼んだのだという。絹枝の両親にも分骨は絹枝の遺志だと伝えたというから、渋々認めたということかもしれない。疎遠になっているとはいえ、わが子の骨の一部を他人に渡すことに抵抗があったことは、充分考えられるからだ。

絹枝の両親は遺品からプラハのメダルを持ち帰らなかったので、蝶はこれを持ち続けてのちに本覚寺に預け、一九九八年、秩父宮記念スポーツ博物館に金メダルを寄贈した。銀メダルと銅メダルなどほかの遺品は蝶がしばらく持っていたが、散逸や戦時中の供出を恐れるようになり、戦後、八戸を離れる時に信頼する本覚寺に預けていまに至る。

本覚寺に伝わる絹枝の遺品は、絹枝の鮮烈な生と、蝶との生活を垣間見ることができる品ばかりだ。そのなかでも写真は、これまであまり公にされていないものが多いと思われる。立派な額に入った写真では、いくつものトロフィーを蝶と絹枝が囲むようにして立ち、白い歯を見せている。岡山の実家で撮影したものだ。小ぶりな日の丸の刺繍は、第二回万国女子オリンピックに出場する絹枝のためにつくった蝶の手製。一瞬、既製品かと見間違うほど細かく目の詰まった刺繍を手にすると、蝶の息づかいがふと感じられるようだった。

以下は最期のときに詠んだ蝶への歌である。

なすだけの事みな終えしこの体　今ややすまん友とたのしく
わが友の我に与へしこのくすり　うれしくのみて早くなほらん
熱去りて病一きはいえぬらし　気づかふ友の顔のやさしも
ことさらに心とがりて腹立ちし　みとれる友の気もくまずして
熱去れと力をつけし友の声　我うれしくも目をとぢて聞く
今日もまた心行くまで甘えみん　君呼ぶ我の心のうれし
看病につかれて君のうたたねに　愛しと手をとり感謝するわれ
幸福に思へるこの日は歌も出ず　看護れる君に抱かれて寝む

七〇年後に果たした絹枝との約束

絹枝が後輩たちを連れていったプラハでは、現地の人々が熱心な絹枝の姿を長く記憶にとどめた。絹枝が死去した翌年には、早くもオルシャニ墓地に絹枝の記念碑が建てられている。碑文には「愛の心をもって世界を輝かせた女性選手に感謝の念をささぐ」と刻まれた。

それからおよそ八〇年後の二〇一二年、東日本大震災の被災地支援事業により、八戸市などの高校生がプラハに派遣され、再び縁が結ばれる。「八戸とプラハを人見絹枝がつないでいる」ことに注目が集まったのだ。やがてチェコの駐日大使が東京から八戸を訪れるようになり、二〇一九年には「八戸うみねこマラソン全国大会」女子ハーフの最高記録者に、チェコ杯・人見絹枝賞がもうけられることになった。チェコ大使はいまも、マラソン大会のスポンサーでもある本覚寺を訪れ、絹枝の墓参りをしている。

本覚寺には、六〇代の頃にプラハを訪れた蝶の写真も残されている。写真は、蝶の姪である今野和子さんが本覚寺に預けたものだ。絹枝の記念碑の横に寄り添うようにして蝶が立ち、碑の手前に花束が手向けられている。蝶の髪はすっかり白くなり、若い頃より小柄に見える。和子さんによると、絹枝亡きあとの蝶は、鍼灸師などさまざまな仕事をして暮らしたようだが、とくに前半生は詳しくわかっていない。女学校時代から好きだった美術のセンスもあり、裁縫したクッションがきれいだったとか、「前衛的なおしゃれをした若い頃の写真もあった」という（『デーリー東北』二〇一九年六月二三日）。

絹枝の伝記作家である小原敏彦氏は蝶を取材したときの印象を、物覚えがよく、語り口に絹枝への敬意と思いの強さが感じられたとしている。また、永島惇正、穴水恒雄、三澤光男の三氏による座談会記事「人見絹枝の全体像を求めて」では、蝶の人となりや周囲との人間関係について触れている。穴水氏の「二人の関係があまりにも一心同体のように見られたことから、その後も他の二階堂の卒業生から距離を置かれることになります」という発言に応じて、三澤氏はこう述べる。――「最後の著書は藤村テフに捧げる本になったようにも感ずるほどですね。あれだけ尽くしたのに、誰からも評価されないばかりか、多くの人たちから非難を浴びながら、一人生きてゆくわけです。鍼灸師として生計を立て、91歳で亡くなっています」。また穴水氏によれば、蝶が死去する一〇年ほど前から、ようやく同窓生との交流が再開したという。三澤氏によると、同窓会に呼ばれたとき、蝶は万感迫るものがあったと話したそうだ。

　蝶は絹枝の死後およそ七〇年を生き、二〇〇〇年四月、東京にて九一歳で他界した。絹枝と二年間をともにした妹ミヤは二〇一三年に一〇二歳で死去している。

プラハの人見絹枝記念碑を訪れた蝶。
60代の頃と伝わる（本覚寺所蔵）

蝶の遺骨は、遺族と本覚寺が本人の強い願いを尊重して、絹枝が眠る墓に納めた。蝶は、七〇年の時を経て再び絹枝と一緒になった。

「人見さんは私の終生同居人」

これまで絹枝と蝶の関係は、どのように報じられ、どう見られてきたのだろうか。本覚寺で薦められた、岡山市の郷土出版による『日本女子初の五輪メダリスト　伝説の人　人見絹枝の世界』では、蝶はこう紹介されている。――「人見の無二の親友で、同居しながら人見のアスリート生活、記者活動を支えた。人見の入院時は献身的に介護し、臨終も枕元で見守っている。自らの青春を友に捧げたといえる」。

また、蝶のもうひとりの姪・藤村洋子さんによると、絹枝は藤村家の養女になりたいとか、蝶と一緒にお墓に入りたいとか話していたようだ（後者の談話は前述した）。ふたりが同じ墓に入っていることを、人見絹枝の特集記事を組んだ『デーリー東北』（二〇一九年五月一二日）では「2人の深い友情のたまものなのだ」としている。

『はやての女性ランナー　人見絹枝讃歌』の著作がある前述の三澤は、プラハ大会後も無理に走り続けたことが人見の命を縮めたと指摘し、これに同意していた蝶と何度か面会して取材している。三澤は絹枝を看取ったのちの蝶を、同書で「悲しく苦しい日々を重ね、孤独に耐え65年間を生き続けた」としている。

蝶が死去した翌二〇〇一年の『山陽新聞』「70年越しの友情　青森の墓　一緒に埋葬」（七月二九日）では、ちょうど絹枝の没後七〇年にあたるこの年に、「同じ墓に」という絹枝の遺志が遂げられたことを報じている。記事では蝶の遺志もこう伝える。――「藤村さんは生前、人見を『終生同居人』と称し、めいの藤村洋子さん（六二）＝東京都＝に『自分も人見さんと同じ墓に』と繰り返していた」。「終生同居人」という言葉に蝶の強い思いがこもる。時代がもっと後だったら、これをどう表現しただろうか。また同記事では、絹枝が女性の地位向上にも尽くしたという三澤氏のコメントを紹介し、「二人は、世間の無理解やタブーと闘った〝同志〟だった」としている。この表現には、ふたりの関係性にやや踏み込んだ印象もある。

このように、おおむねどの語りも、「蝶の献身ぶり」「深い友情」を強調してきた。絹枝亡きあとの蝶が「たった一人で、孤独に耐えて悲しい日々を過ごした」といった語りは、もちろん彼らの想像によるものだ。そこには、「結婚せずに女性がひとりで生きる」ことに対するジェンダーバイアスも、多分に含まれるだろう。しかし、その後七〇年近くを生きた蝶が「絹枝と一緒に」という意思を持ち続けたことを考えると、その七〇年は決して悲しいばかりでなく、糧にできるほどの思い出を持っていたとも、結婚の意志が皆無だったとも想像できる。結婚して子をもつのが「女の幸せ」だという空気のなかで、自分の本心に蓋をしてしまうことは、いまでもあるだろう。ならば蝶の「その後」は、むしろ幸福ですらあったかもしれない。

それに、「家族」ではない蝶と絹枝だけが眠る墓も、檀家の遺品を寺が保管するということも、そもそも異例である。一九八五年の『東奥日報』（七月六日）では、当時の人見絹枝顕彰の動きを受けて八戸に遺品があることを報じ、この特異性に着目している。記事によれば、八戸にメダルやサイン入りの写真など貴重な遺品があることが岡山の人見家に伝わったのは、この二年半前のことだった。「世界のヒトミ」の貴重な遺品は、蝶の了承を得て記念館などで永久保存できるところに委託してほしいという声も記事では伝えている。当時は先代の廣田豊柳住職が責任をもって保管しており、貸し出しなども制限していた。メダルなどを貸し出すと戻ってこない可能性もあるからだ。実際に人見家では賞状などが博覧会などに貸し出すたびに減っていたし、メダルやカップは戦時中に供出してしまい、スパイクは戦時中の物資不足のなかで家族が使ってしまったため、残ったのはデスマスクと小さなカップ、記録を刻んだスプーンぐらいになっていた。当時の廣田住職は、「遺品も遺骨のそばに」という蝶の意を汲んだというから、蝶が寺をよほど信頼していたことがわかる。また、「人見さんは事情あって、岡山県には帰りたくないと話していました」という蝶の談話も掲載している。さらに蝶は、絹枝の遺志を守るために遺品を預かってもらったが、貴重なものだから日本の宝としてきちんと保管したほうがいいかもしれない、とも述べている。だが、そうした動きがないまま現在に至っている。

家制度を拒んだ墓

一般に墓というと、家族が一緒に入るという意識が日本社会ではまだ根強い。戦前の家制度ばかりか、江戸時代の檀家制度のもとで確立したいまの墓を慣習として引き継ぐような、封建的システムを象徴するのが墓ともいえるだろう。檀家制度とは、キリシタン禁制を経て、キリシタンではないことを菩提寺に証明させた制度のことで、戸籍の役割を果たした宗門人別帳によって、人々は寺に登録された。近代以降も檀家制度は残り、かつ家制度においては家名・家督・祭祀権が継承された。祭祀権は、「○○家之墓」などと刻まれた墓や位牌、仏壇、過去帳などを継承する権利のこと。継承する長男には、これらを継承しつつ先祖の供養をする役目があり、菩提寺につなぎとめられていたといえる。なお、いまの民法では祭祀権を「慣習に従って」継承するとされ、家制度なきいまも「墓を継ぐ=家を継ぐ」という旧来の考えが、まさに慣習として根づいている。こうしたことを踏まえると、絹枝と蝶の墓は、当時の制度とも規範とも遠く離れたところ、いや対極にあったといえるのではないか。

絹枝の遺志を蝶が受け取って本覚寺に絹枝が眠り、そして約七〇年後に蝶の遺志で同じ墓に入った。そのことの意味を廣田住職に聞いてみると、冒頭に紹介したように、「あそこには人見さんと、藤村蝶さんしか、入っていない」と、特異性に言及していた。またこうも述べていた。——「〈藤村さんとしては〉ずっと人見さんと一緒、という感覚だろうと。とにかく、人見さん自身が『死んだら藤村さんのお墓に入りたい』と言ったのがはじまりですから。それがこの寺に遺骨があるゆえんです。最初のきっかけをつくったのが人見さんだし、そこまで言わなかったら遺品まで全部、岡山に行ってるんじゃないかな」。

絹枝は本人の著作をはじめ多くの伝記類が残されてきたが、ふたりの関係をもっともよく伝えてきたのは本覚寺ともいえる。そのことを、どう認識してきたのだろうか。廣田氏は、ふたりが一般的にいわれる「友だち」「親友」という感じではないとしつつ、「誰にもわからないくらいの強い絆で結ばれていたのではないでしょうか」「〔人見さんが亡くなってから七〇年も思いが続いたということは〕わたしらには計り知れないものだと思います」「〔養子にしてくれというのは〕よっぽどのことですよね」とのことだった。

廣田氏はまた、蝶の死後、ふたりの姪が遺言を固く守ってきているということは、人見家にもそれなりの思いがあったのでは、と双方の事情を思いやっている。絹枝が岡山に帰りたがらなかったのには事情があったのだろうが、人見家にしてみれば家族でない者に遺骨を分けるなど、当時なら嫌がるのが当たり前だ、と。これは、現代の感覚でも想像がつく。住職はまた、遺骨に関して次のような興味深い話も教えてくれた。

浄土真宗では亡くなった人は浄土に行くと考えるので、「お骨は単なるモノとしての骨」と見なす。「お骨」はあくまで「人見絹枝という人間」が生きていた証であり、お骨を分けたからといって――例えば腕の骨なら死んだ人は腕が痛むだろう、とは考えない。ただ、絹枝が生きた時代の人は、腕の骨を分骨したら「絹枝の腕が痛いだろうな」といった考え方をしたのではないか。だから人見家では、お骨を分けることを嫌がったのではないか、と。

逆にいえば、だから蝶はどうしても絹枝の骨が欲しかった、絹枝の骨まで愛しく思っていたのではないか――。そうたずねると廣田氏はうなずき、だからこそ、もらってきたということは「よほどのこと」であり、ちゃんと人見家に頼んで分けてもらったのではと推測しているそうだ。

かつての「ふたり暮らし」の真実は、本人たちにしかわからない。蝶と絹枝も、廣田氏の言葉通り「誰にもわからないくらいの強い絆で結ばれていた」が、おそらくひとつの真相に近いのだろう。とはいえ、異性愛規範から距離を置こうとした、あるいは拒んだ意志がふたりにあったであろうことは、可能性として書き留めておきたい。

そしてもうひとつ。一九七九年に蝶が残した言葉が、もしかしたらすべてを語っているかもしれない。当時、蝶は七一歳。絹枝の死から半世紀近くが経過していた。

人間とは勝手なもので、この世の諸行無常ゆえの美しさや、会者定離《えしゃじょうり》の定めを承知していても、出会った人がいとしければいとしいほど、別れはもっと先のことだと思いたがり、それがあまりに早くやってきたことにがく然としました。

そんなとき、兼好法師の『寸陰惜しむ人なし』という言葉が心に突き刺さりました。すばらしい出会いであったがゆえに生じるのが別離の悲しみだったのでしょう。万物が流転する中で、人の一生などはかないものですが、すばらしい出会いがほんの一瞬のものであっても、揺さぶられた魂は鮮やかな印象をいつまでも覚えています（『生誕100年　記念誌　人見絹枝』）

読み終えたとき、時間が止まったようだった。人がひとりの人を思って紡いだ言葉で、これほど切実なものを私は知らない。

第２章

帝国日本とふたり暮らし

——飛行士たち

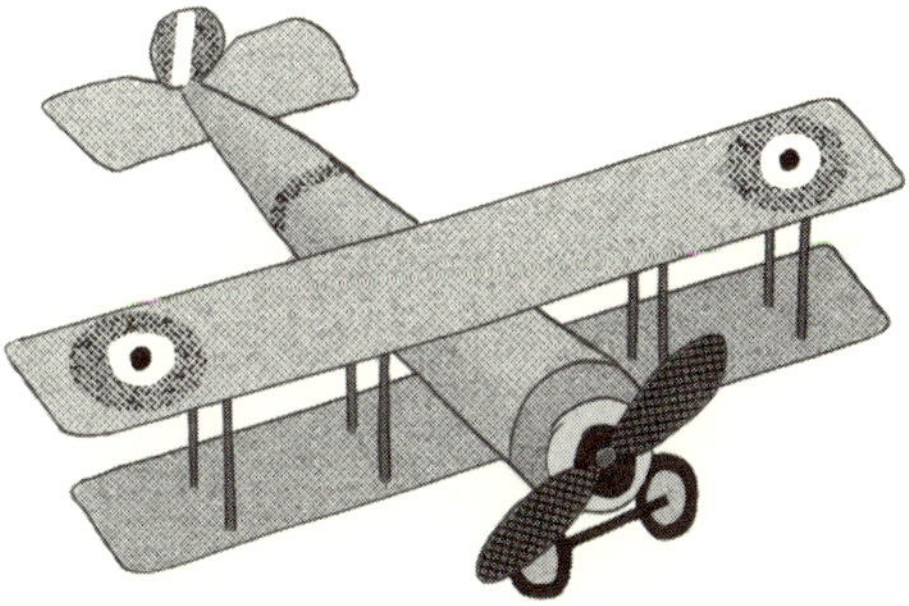

本書で紹介するふたり暮らしはみな、帝国日本の植民地支配と多かれ少なかれ関係していた。むしろ、職域から植民地主義に染まりきっていたと思われる人物もいる。この章で扱う飛行士たちだ。

そもそも飛行機は日本に入ってきた当初から軍事と切り離せず、人・モノの輸送だけでなく、殺戮兵器そのものでもあった。軍事主義とクィアネス・自己実現という視点で、二組の「ふたり暮らし」をたどる。

——馬淵てふ子と長山きよ子

一九三〇年代初頭に飛行学校に入学したある女性を調べていたときのこと。「女性パイロット」と題した気になるブログ記事を見つけた。ブログ主の学生時代を綴った短い文章である。残念ながら筆者の男性は亡くなっており、話を聞くことができなかったので、以下に引用する。

私の学生時代、通学路に、「いづみや」という文房具屋さんがあり、戦前、パイロットだったという中年女性2人が住んでいて、店では、文房具の外に、ゴム動力の模型飛行機のキットや、天井から吊るした完成品を販売していました。当時、小学校の校庭などで、模型飛行機の滞空時間を競う大会が盛んで、私の小学生時代、同級生やその知人が、文房具屋さんに頼まれて、模型飛行機のキットを組み立てる小遣い稼ぎをしていました。

文房具屋さんは、片手片足が不自由で、男装をしていて、自分を「僕」と言っており、私の同級生は、最近まで、「男の人に頼まれて作った」と言っていました。同居の女性は、大柄（身長168㎝とか）の背筋がピンと伸びた人で、県立女子高〔現在の清水西高等学校〕の体育の先生をしていて、私の中学時代の同級生の、高校3年時のクラス担任でした。

文房具屋さんは、昭和9年（1934）10月、離陸時の突風による不慮の事故で、片手片足骨折の大怪我をして引退した長山きよ子（清子）さん（静岡県出身。明治44年・1911〜平成13年・2001）、もう一人の体育の先生は、日本女子体育専門学校（現・日本女子体育大学）時代の同級生で、秋田県出身の、馬淵てふ（ちょう）子さん（明治44年・1911〜昭和60年・1985）でした。お二人とも、2等飛行士免状保持のパイロットで、馬渕さんは、昭和9年、満州のハルピン迄、日本海を横断飛行した経験のある人でしたが、大怪我をした親友の長山さんの介助の為に、同年、飛行士を辞めたのでした。

なお、昭和12年（1937）に、女性が飛行機に乗るのが禁止され、女性パイロットの時代が終わりました。

二人は、馬渕さんの定年退職後、店をたたみ、伊東市に新築した家で、余生を過ごしました。馬渕さんが先に病に倒れたので、馬渕さんの養子になった長山さんが介護をしたようです。（静岡みきのくち保存研究会ホームページ「女性パイロット」）

ここに登場するのは、馬淵てふ子（名前の表記は資料により馬淵テフ子・馬渕蝶子など揺れがある。ここでは「馬淵てふ子」で統一）と長山きよ子（「長山清子」とも）である。ブログの筆者が小学校時代にてふ子ときよ子を見たのは、一九五〇〜六五年頃。ふたりは戦前に飛行機操縦士の免許を取得したが、ここに書かれている通り、「文房具屋さん」こと長山きよ子が墜落事故により半身が不自由となったことから、馬淵てふ子が世話をする形で同居するようになった。一九一一年生まれの同い年で、日本女子体育専門学校（以下「女子体専」）の同級生として出会って以来の仲だった。

長山きよ子は清水から八〇㎞ほど南西に位置する引佐郡伊平村（現在の浜松市北区引佐町伊平）で生まれ、一九二八年に気賀実科高等女学校を卒業すると、上京して女子体専に入学する。ここでてふ子と出会い、陸上競技部で親しくなった。きよ子は砲丸投げ、てふ子は円盤投げと、ふたりとも力自慢だったらしい。とくにてふ子は、一九三二年のロサンゼルスオリンピックの代表選考会で三位の成績を残す技量を誇ったが、石津光恵に競り負け、卒業後は競技をやめたようだ。なお、女子体専の先輩である人見絹枝はすでに世界的スプリンターとして名をはせていた。

馬淵てふ子は青森県弘前市で生まれ、秋田県鹿角市で小学五年生まで過ごした。六年生で東京へ引っ越した頃のことを後年、少女雑誌『少女の友』に語り残している。当時、操縦士になっていたてふ子が半生を振り返った記事である。

小岩小学校から横浜の神奈川女子師範附属小学校に転校して間もない時期のこと。虚弱体質で学校を休みがちだったてふ子はある日、通院先で経験したことのない大地震に見舞われ、まわりの大人に言われるがまま野毛山に避難した。関東大震災である。職業軍人である父は東京に行っていて家にはいないはずだ。家にいる母や妹が心配だった。

どのくらい時間が経ったのだろう。探しに来た母とはようやく会えたが、後年までてふ子の脳裏に焼きついたのは、その日眺めた「不気味な黒雲」だったという。電信柱が折れ、電話線も切れてしまったこんなときに、なぜあの空の上には飛行機がひとつも飛んでこないのか。こんなときこそ、飛行機が横浜の街を上空から見下ろして破壊ぶりを把握し、人々を助けるために活躍すべきではないのか——。黒い雲を眺めながら、ぐるぐると考えた。てふ子の中で、飛行機とはそうした万能性を持った存在だったようだ。

精華高等女学校へ進学した頃も体は弱く、体操の時間は運動場の隅で膝を抱えている。そんな時も空をぼんやりと眺めては、飛行機を目で追った。——「私も軀さへ丈夫だつたら、いくら女でも、飛行家にだつてなれるかも知れないのに。あアあ、丈夫になりたい」。

この言葉が載った『少女の友』は、幼い頃からてふ子の愛読書だった。そこに載っていた朝鮮出身の操縦士、朴敬元《パクキョンウォン》の写真を見て、空への憧れを募らせてきたのだ。てふ子は、なぜ「内地」の女の人が飛行家を目指さないのかと、疑問に思った。

両親の尽力もあり、てふ子は女学生のうちに元気になり、体操の授業を休むこともなくなった。ただ当時は、飛行士の夢を口にすると「あなたのような弱い人が？」と驚かれた。

ところがその後、女子体専を経て飛行学校に通う頃には別人のようになっていた。一六八cm、六二kgと当時として破格の大柄な身体に力がみなぎっていた。練習生時代の、喜びに満ちた言葉がそれを証明している。——「飛行機で空を飛んでゐる気持ですつて？それなら、それは、快の一字に尽きますわ。航空はスポーツです。同時に音楽です。プロペラの響《ひびき》。ああ、それは音楽の総てのメロデーの母体のやうにも思はれますわ。プロペラの唸りから、私は最もデリケートな音楽のメロデーの不思議な陶酔的な幻想を感覚するのですよ」。

最先端にして「男性的」な女性パイロット

てふ子は、女子体専で親しくなったきよ子と、卒業後の進路も同じく教員を選んだ。てふ子は横浜のフェリス和英女学校（現在のフェリス女学院中学校・高等学校。以下「フェリス女学校」）へ、きよ子は広島県の高等女学校へ、それぞれ体操教師として赴任した。

先に操縦士を目指したのは、広島で教師になったきよ子だった。同時代の操縦士・及位野衣《のぞきやえ》によると、何かに真剣に挑戦したいともがいた結果、たどりついたのが空を飛ぶことだったという。遠く離れた土地での教員生活になじめずにいたときに、魅了されるものに出合ったということらしい。なお、航空史関係の資料（ほとんどが男性筆者）では、「根が男性的気質」だったことが要因だと推測されている。

飛行士は欧米を中心に時代の尖端を行く職業だった。てふ子ときよ子が飛行学校に入学した頃の『最新婦人職業案内』にも、「女流飛行家」の項目があるくらいだ。「外国では近来小型スポーツ飛行の流行を始め」「尖端的な職業」と紹介され、「決断心と判断力に富み、動作は軽快明敏で耐久力を具へた身体」と、適性が偏見なく綴られている。

もっとも、女性飛行士が直面させられる偏見や困難も、世界で共通していた。女性のあるべき姿からかけ離れているとして排除の動きもまた強かったのだ。強壮な身体、活発さや豪胆さなど飛行士に求められた一部の資質は、日本では女学校で叩き込まれる「温順」「貞淑」「優美」などのジェンダー規範とは対極にある。後世の男性の書き手がきよ子の動機を「根が男性的気質」である点に求めたのも納得だ。

戦前、飛行機操縦士の免許を持つ女性は二七名いた。女性として最高の二等操縦士を初めて取得して話題を振りまいたのは木部シゲノである。きよ子は広島の学校に就職して間もない一九三二年、二一歳で辞職して千葉県の第一航空学校に入学した。あるいは同校の卒業生だったシゲノに憧れて、空への夢を膨らませていたのかもしれない。

いずれにせよ、仕事を辞めてまで入学したのだから、よほどの入れ込みようだったに違いない。乗ると憂さがいっぺんに晴れてしまう乗り物だ――。そう興奮気味に語るきよ子に誘われて、てふ子も飛行士を目指すようになったことから、ふたりの関係の強さがうかがえる。当時はまだまだ珍しかった女子の体育専門学校で、これまた珍しい砲丸投げと円盤投げに取り組んだふたりでもある。似たものに惹かれ、同じ方向を眺めるのが心地よく、価値観を共有していたのだろう。ふたりの関係性やあゆみにもっと近づくために、当時の女性飛行家が歩んだ険しい道のりをたどってみよう。

立ちはだかる業界の性差別制度

日本の空を女性が初めて飛行機に乗って飛んだのは外国人だった。一九一〇年代から相次いで外国人女性飛行士が来日するようになり、なかでも脚光を浴びた「ス嬢」ことアメリカのキャサリン・スティンソンは、東京で宙返り飛行を披露して人々の度肝を抜いた。これに刺激されて飛行士を目指す女性も現れるようになる。その一人目とされるのが、一九一七年、羽田の日本飛行学校に入学した上野艶子だが、中途退学したため単独飛行までたどりつけず、民間飛行士の免許制度の不備にも泣いた。

軍は早くから航空業界の有用性に目をつけ、開発、運用に乗り出していた。政府は民間航空の保護・育成を目指して法整備を進め、一九二〇年、陸軍省の外局として航空局を設立。初の練習生、上野艶子があきらめてから三年後のことだ。のちに所管が逓信省の外局に移っても、陸海軍の軍人が引き続き配属される。当時の民間操縦士、試験官が現役将校だったのはこうした流れによる。

一～三等操縦士の国家資格制度ができても、女性には二等までしか取得できなかった。さらに、一等操縦士に許可された「運送事業」は二等には許されていない。つまり、いくら男性より知識や実力が上でも、女性は免許が取れるだけで、仕事として食べていくことが叶わなかったのだ。男性が航空輸送会社や新聞社に操縦士として就職するなど道が開けていたのに対して、女性は出身校の助教官が関の山だった。

草創期の女性飛行士を阻んだのは制度の壁だけではない。メディアなど世間からの逆風にも苦しめられた。一九二二年に三等操縦士として初めて免許を取得した兵頭精《ひょうどうただし》もそのひとりだ。免状がおりる前年に免許制度が制定され、三九名（一等四名、二等一六名、三等一九名）の合格者のうち「紅一点」の精は新聞や専門誌などで大々的に報じられて時の人となった。ところが、まもなく弁護士・富田数男との関係をスキャンダラスに書き立てられて飛行機業界を追われた。富田は精の郷土の先輩で、飛行学校に入る際に身元保証人となった人物だが、妻子がいながら精の姉であるカゾエと不倫関係になっていた。精はそれを知らずに富田の子を妊娠したうえ、二階から転落して流産してしまう。その後、富田が離婚したので同棲し、やがて娘を出産。ところが富田はまた別の女性とも関係を持ったので、精は愛想を尽かして別れ、娘の峰香をひとりで育てたという。富田は女性よりはるかに有利な環境で育ち、世知に長けていながら、精が可能性の糸をたぐりよせてつかんだ人生の第一歩を踏みつぶしたというわけだ。ちなみに、成長して小唄の師匠になった娘の峰香も娘・嘉子を産み、戦後はルフトハンザ航空の客室乗務員となって祖母の精を喜ばせたという。その三年前にはNHK朝の連続テレビ小説で日本初の女性パイロットを描く『雲のじゅうたん』がヒットし、モデルのひとりとされた精は再び注目を集めた。

木部シゲノに次いで二等免状を取得した今井小まつ（結婚後「西原小まつ」）は、前述のキャサリン・スティンソンの宙返り飛行に憧れて飛行士をめざした。母の反対を振り切って家出を繰り返したのち、静岡県掛塚の福長飛行機研究所で福長式天竜三号複葉機に乗ったことでますます夢中になった。その後、東京赤羽の岸科学研究所飛行機部などを経て、一九二三年に三等免状を、一九二七年に二等を取得した。操縦技量は練習生のうちでも断トツだと評価され、魚群探索や練習生の教育係を経て、「雲井竜子」のペンネームで航空界をフィールドに文筆業でも活躍。なんとか空の世界に踏みとどまろうとしたのだろう。太平洋戦争後は、航空業が再開すると日本婦人航空協会の運営にあたり、一九六五年頃まで理事長を務めた。

「月経があるから」「尻が大きいから」……

このように、飛行士をめざす女性たちは、制度だけでなく、メディアがまき散らす偏見や性差別にもとづくバッシングによって飛行機から遠ざけられた。その発信源のひとつが、ほかでもない航空業界だった。

代表的な言説を紹介しよう。昭和初期に月刊誌『航空時代』を発行していた渡部一英は、当時全盛を迎えていた女性飛行家たちを「虚名に憧れて入つた」「艶種を蒔き散らしてゐたゝまらなくなる」などと述べた（「大空を彩る女鳥人の群」）。また、朝日新聞の航空記者・平井常次郎も、同様の記事を量産したうえ、自著『空』にまとめて出版した。「雲井竜子」こと今井小まつはこう書かれている。――「私が始めて彼女を垣間見たのは大正十二年の初夏神奈川県鶴見町の第一航空学校飛行場でであつた。よく肥つた、よく締つた前後左右何処から見てもこれが女だとは思へぬくらゐ立派な体格で、見るからに鳥人には望ましい婦人だと思つた（……）やがて彼女は三保の松原に根岸錦蔵君が主宰する飛行場に落付いた。そして羽衣飛行場の女王として根岸君との恋の噂が口さがなき人々の話題となり新聞や雑誌にもよく書かれたものである。女だもの、としごろだもの、そりや恋もしやう」。また、大阪の木津川尻飛行場の西田飛行機研究所で練習に打ち込む花田まつののことは、「この人も型通りにタツタ一人のお母さんを郷里の博多に捨て置いて無断で家を飛出した」「髪は丸めたまゝで結つたこともなく、紅かねつける妙齢《としごろ》に白粉一ツ塗るでなくたゞ一日の休みもとらずに専心勉強した」と書く。『女』を知らぬ女の花田さん」は、やがて「顔にのる白粉は次第〳〵に彼女の『女』を取り戻し」、飛行機熱を失って郷里へ帰ったのだという。

セクハラにルッキズムに家父長式ジェンダー加害にと、性差別の盛り合わせのような文章である。彼らの「評価」の基準は、求められる「女性らしさ」に沿うかどうか。夢のために故郷を出る女性は不届き者であり、それが男性なら〝青雲の志〟だと目を細めるのも、航空関係の書き手に共通した見方だった。

じつは花田まつのは、飛行学校を紹介してくれた恩人である一等操縦士の宮登一が墜落死するのを目の前で見てショック状態におちいり、最終的に操縦士をあきらめたのだった。まつのは助けに走ったものの、猛火に包まれる機内で先輩が黒焦げになるのを見守るしかなかった。当時の飛行機は木と布を張り合わせたような粗末なつくりで、荒馬を乗りこなすような危険な乗り物だ。墜落によるケガも事故死も珍しくない。それで道を断つことに男女差はなかったのだが、女性が飛行機を降りる場合、高確率で恋愛や結婚と結びつけられて報じられ、「堕落」の烙印を押されるのがお決まりのパターンだった。

こうして当時の女性飛行士は、学校では「風紀を乱す」とされ、メディアからは「女」として観賞される侮辱を受け、排除されていった。男性と同じスタートを切っても、途中で翼を折られてしまう。そこには、操縦士は男性の領域であり、そもそも仕事は男性の聖域なのだという「女人禁制」の掟があったのだ。

こんな背景もあり、きよ子やてふ子らの時代の練習生は、男装して学校に通ったり、名前のかな表記を漢字に変えたりして警戒した。それでも、男子との教育格差や、幼少期から叩きこまれるジェンダー規範により世事に疎く、飛行計画を持ち込まれて金をだまし取られたりして中傷される者もいた。

あるいは、繰り返される「やはり女性には向かなかった」という無根拠で陳腐なフレーズ。背景にあったのは、当時の「科学的な常識」にもとづき、身体的特徴から女性を操縦士に向かないとする言説だ。これを信じる者は、女性は男性よりも体力が弱い生き物だから一緒に働く能力も意志もないとみなす。たとえば、月経中に自動車事故が起きやすいという話を飛行機の操縦にも結びつける「識者」の意見は、女性飛行家が登場し始めた一九一〇年代初頭から、「科学的」見解とされていた。女は臀部《でんぶ》が大きいので操縦に向かない、肺活量が少ないので高所は危険だ……など挙げればきりがない。そうした「専門家」たちの御高説を、ルス・ローやキャサリン・スティンソンらが記録でもって塗りかえていった。ルス・ローは一九一六年にシカゴ・ニューヨーク間九五〇㎞の無着陸飛行の記録を樹立し、翌年にはキャサリンが九八〇㎞と更新。キャサリンは、男でなく女の自分が記録を超えたことを、ルス・ローも喜ぶはずだと述べたという。やがて、アメリア・イヤハートが大西洋横断に成功した。日本のメディアでは、動揺した男性たちがさかんに「日本でも女性が飛行機に乗れるのか？」と「科学的な」議論を交わす一方で、女性たちは情熱を燃やしつつ、空を飛ぶことをいかに現実のものとするか、切実に考え抜いていた。もちろん、女性にのみ強いられた、きわめて不当な努力だった。

　スタート地点から男性よりも高いハードルを越えてきた女性が飛行家を目指すとき、まず倒すべきは「父親」だった。彼女たちは、親が用意した結婚という障害物を取り除くことから始めた。

「家」「結婚」を拒否して飛行学校へ

一九〇五年、奈良県天理の農家に生まれた前田あさのは、兵頭精に憧れて飛行家を夢見るようになった。田舎の農家に生まれ、女子として最低限の教育を受けたら、あとは結婚して子を産み、「家」の中で過ごして終わるのが当たり前の時代だ。だがあさのは、両親に飛行学校に行きたいと懇願、猛反対されると、両親が貯めてきた結婚持参金を前借りだと説き伏せて上京してしまう。当時の『東京日日新聞』(一九二四年七月二三日夕刊)は、そんなあさのを次のように報じた。

奈良県のうまれで当年とつて廿歳《にじゅっさい》、見らるゝ通りの鄙《ひな》そだちでお世辞も愛嬌もない、脊は低いが肥満な体格、飛行帽をかぶると男か女かわからない、女鳥人の卵としてどんな径路でこゝ立川へ飛んできたかそれは教官に聞かれても唇を開かぬといふ程秘密にしてゐる、その謎をだん〳〵探つて見ると

あさのさんが国ではどんな縹緻《きりょう》よしでもお嫁に行く時は持参金付きださうな、あさのさんの思へらく『馬鹿々々しい女一匹持参金がなうては嫁に行けないなんて不合理な

話しがあるものか、私はそんなお嫁入りは嫌だ、持参金はなくても立派に嫁に行くから
そのお金は私に下さい……』とばかり両親をけむにまいて郷里を飛び出した
蒲田の日本自動車学校飛行科で四ケ月間地上教育を受けこの三月から操縦術練習のた
め立川へ身を移した、毎日スパローホークやニューポールに乗つて鳥の真似事をしてゐ
るが覚えがよくて近く単独操縦をゆるされることになつてゐる
一時間百廿円の練習費を払つて十時間稽古すると三等飛行士の免状を受ける資格がつ
く、これを持参金に換算すると千二百円、蒲田の地上教育に五六百円受験にパスするま
での下宿料を見積もると随分莫大な持参金になる勘定だ

持参金がなければ結婚できない不合理は馬鹿馬鹿しい――あさのは、結婚制度に正面切ってノーをつきつけただけでなく、両親をかわして家を出ると、勝手に飛行学校に入学してしまったのだ。いつしか父も高額な練習費を惜しまず娘を応援するようになる。あさのは学校で男子からつくろい物や炊事を押しつけられていたため、後から入学してきた男子よりも免許を取るのが遅れたが、無事に三等操縦士免許を取得。兵頭精、今井小まつ、木部シゲノにつづく四人目の女性飛行士となった。その後二等も取得し、奈良の飛行機会社で遊覧飛行や宣伝ビラまき

などを頼まれてしばし関西の空を飛び回ったが、二四歳で結婚すると、さすがにパイロットをやめざるを得なかった。

戦後三〇年あまりが経ち、朝ドラ『雲のじゅうたん』が話題を呼んでいた頃、七〇歳を超えたあさのは、空を見上げながらふと、「死ぬ前にもう一度、立川の空を見たい」ともらす。その言葉が立川飛行場に伝わり、招かれて再び空を飛んだという。

ほかにも、秋田出身のパイロットで戦後は日本婦人航空協会の理事長を務めた及位野衣が、結婚話を進めようとする父親を粘り強く説得して結婚資金をまんまと前借りし、飛行学校に入学している。野衣はこの間、名前の表記「ヤヱ」が女らしいとして、漢字に改めてもいる。新聞報道は終始軽んじたトーンだが、あさのと野衣の言動からは、人を引きこむ話術や聡明さ、芯の強さといった素顔が浮かび上がる。あさのが結婚後はパイロットをやめざるをえなかったことなど、現代からみると歯嚙みしてしまうが、こうした先駆者の開拓あってこそいまがあるとも改めて痛感する。

結婚しても飛行機を降りなかったレアケースに、正田マリエがいる。オーストリア生まれでチェコスロバキア育ちだが、正田政雄と結婚して「正田マリエ」となった。政雄と一年半で離婚すると、自ら正田家を創立して引き続き正田姓を名乗った。これは「家」への帰属意識というより、むしろ独立するのだという意志にみえる。その後、再婚した際には「妾《わたし》にいつまでも飛行家としての自由を与へる事」との条件を相手に飲ませたそうだ。家父長制への抵抗心がなければ、そしてそれを実行していかなければ、女性が入っていくのが難しい業界だったといえる。

「一緒に世界一周をしようと思っていました」

てふ子ときよ子の話に戻ろう。

きよ子は広島での教員生活をやめて飛行学校に入学したものの、一時間あたり四〇円という高額な練習費に頭を悩ませていた。当時の体育教師の月給は五〇〜六〇円だったから、一時間ほどの練習で月給が消えてしまうのだ。しかも、二等免状を取るには五〇時間は飛行しなければならない。そこできよ子が飛びついた金策が、一回につき二〇〇〜二五〇円の報酬が出るという「パラシューター」、落下傘で飛行機から降下する姿を見せる航空ショーである。学校関係者のつてだろう、きよ子はこの仕事を見つけてきては各地を巡業したが、用具には軍の払い下げ品も多く、危険をともなうショーは心身に負荷がかかった。当時の苦労を詠んだきよ子の歌が残っている。――「翼学《つばさがく》まなばむ料《しろ》に落下傘《かさ》の術　九たび重ねたりをみなごわれは」「観衆のどよもす図絵はわが料《しろ》か　われ漂茫《ひょうぼう》と空下だるなり」。授業料のために好きでもないパラシューターを九回も演じて肝を冷やした悲哀が、忘れがたい実感として詠みこまれている。

パラシューターには宮森美代子ら女性の先達もいて、「美人が空から降りてくるショー」などといわれていたが、飛び降りる側はつねに死を意識させられていた。前掲の一首目にある「をみなご」とは女性のことで、女性ゆえに「見せる」ショーで金を稼がねばならないという忸怩たる思いを抱えていたのだろう。きよ子も、航空学校の後輩で同じ下宿に住む村岡弥市に、何回やっても慣れず、毎度、決死の覚悟で飛び降りると吐露していた。のちに一等操縦士となり、大日本航空の機長となった村岡は、きよ子が日頃から「わたしゃ、男に生れたかった」と漏らしていたことも語り伝えている。男性ならしなくてもいい苦労は、つねにつきまとったのだ。また、同じく一等操縦士で後年、日本航空輸送の機長を務めた同郷の先輩・鳥居清次は「長山君が男だったら、働く道はいくらでもあるんだが、惜しいな」と言っていた。

周囲の腕のたしかな者から見ても優れた技能をもちながら、きよ子の目の前には限られた将来しか用意されていない。男性ならば、飛行技術を活かした仕事の選択肢はたくさんあったはずだ。何か胸が躍る仕事を、と航空業界に入るほど大胆で野心家のきよ子にとって、その悔しさは今の私たちには想像しがたい。きよ子は一九三三年に二等免許を取ったが、出身校の助教官になるしかなかった。

一方、一九三一年四月よりフェリス女学校で体操教師として働いていたてふ子もまた、きよ子に影響されて航空学校に入学する。ただ、てふ子は教職を手放さなかった。航空学校の高額の授業料と、将来を見据えてのことだったかもしれない。

一八七〇年に創立されたフェリス女学校は、キリスト教にもとづく女子教育では最も先駆的な学校だった。女学校の画一主義に抵抗して英語や音楽などの専門教育を打ち出し、タイプライターやビジネス英語の科目も用意して卒業後の自立をサポートした。当時、一般的な女学校を出たら高等教育を受ける機会は、ほぼなかったからだ。

体操の授業も、フェリス女学校は先進的だった。一八九三年に入学した相馬黒光《そうまこっこう》（夫とともに新宿に『中村屋』を開業）の自伝『黙移　相馬黒光自伝』によると、当時まだ珍しかったピアノの伴奏に合わせた踊りのような体操は、「新式婦人体操のトップを切っていた」そうだ。東京の複数の女学校から視察が訪れるほど評判だった。

こうした校風だから、教員の採用にも熱を入れたようだ。『フェリス女学院１００年史』をひもとくと、先進的な女子教育のために個性的な教師が内外から集まっていたことが伝わる。また、飛行士としても活動していたてふ子に関する記述からは、生徒・教員から慕われていたことがよくわかる。

戦後、一〇〇周年記念誌を編むに当たり、執筆者が卒業生たちとともに、てふ子を訪ねた。てふ子はインタビューに答えて、次のように振り返っている。

> 私は初めまじめな先生をするつもりでおりましたが、今も一緒におります長山（清子）が飛行機をやりましたので、私も矢も楯もたまらず一緒にやり始め、一緒に世界一周をしようと思っていました。ところが戦争のきざしが出て昭和十二年にはもう女の人は公には乗せなくなりました。私が練習を始めたのは昭和七年で、夏休みと土曜、日曜に練習しました。土、日はお休みでしたから、でも教会には行きました。あの当時は先生方にも余暇があったんです。戦後は全然そんなことがありません。当時日直もありませんし、夏休みも登山とか修養会があり

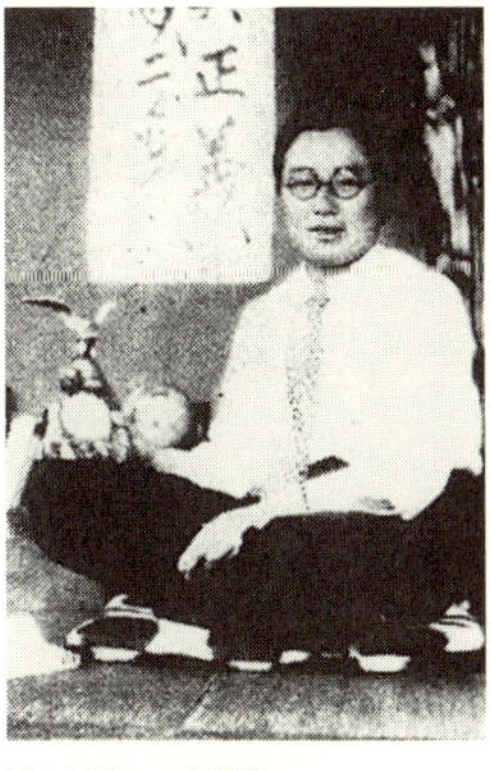

同じ下宿にいた後輩、
村岡弥市が撮影した23歳のきよ子
（『日本民間航空通史』より）

ますが、それに行けば、そのあとは自由に使えたわけです。外国の先生も二年いらっしゃると一年休暇があったわけで、そのように私たちも随分暇をいただいたんです。それでいろいろなことができたわけです。

昭和七年から始って夏休みだけですから時間が十分にありませんで、昭和九年に免状をいただきました。（「馬淵先生を囲んで」）

きよ子に遅れること半年後の一九三二年、てふ子は千葉県船橋の東亜飛行学校を経て、翌年には設備の充実した東京・洲崎の亜細亜航空学校に転入。勤務校の余暇を利用して練習を重ね、一九三四年、成績良好で二等飛行機操縦士資格を取得した。

フェリス女学校では徒歩部をつくり、登山も楽しんだ。二ヵ月ほどの夏休みには生徒たちと北アルプス踏破を目指すなどして、戦中は一九四二年頃まで登った。修学旅行がないぶん、この登山を楽しい思い出として挙げている生徒は多い。

名乗り直しとクィアネス

てふ子が免状を取った頃、きよ子は二等操縦士の上仲鈴子《かみなかすずこ》と親しくなっていた。きよ子より三年早く合格した鈴子は、一九三三年、女性で初めて東京―大阪間の無着陸飛行を成し遂げたばかりだった。

女子飛行家の勢いもピークに達していた。きよ子のように一等操縦士から一目置かれていた当時の女性飛行士たちは、差別是正を求めてついに声をあげる。てふ子が免状を取った一九三四年、てふ子、きよ子、鈴子、松本キク、正田マリエ、梅田芳江は女性が一等操縦士の免許を取れないのは不公平だとして、「日本女子飛行士クラブ」を結成。同年の『航空時代』には、幹事のきよ子が結成の主旨をこう掲げている。――「現在の女子飛行士は余りにもその地位を認められてゐない。即ち女のくせにと、云う世人一般の先入意識とでも云はうか、さうした空気の中で、どうして我々の地位向上がはかられやう。／個々の力は小さい、けれどもその小なる者が一団となり結束したときに、一つの偉大なる力を発揮し得るものである。（……）『我等の地位向上を図らう、そして日本航空界の発展は先ず女性から』を標榜し、献身的努力を捧げやうと結束して、我等の地位向上を図るべく、技術の練磨に、実力の涵養に専念つとめることが、与へられた我等の使命なのである」（「日本女子飛行士クラブの設立に就て」）。

同会を取材した渡部一英による記事には、結成の祝杯をあげる一同の写真とともに、コメントが載っている。――「女だから一等飛行士にすることができないといふ制限は、女性全体に対する侮辱でもあり、且つさうした制限は女子飛行士出世の妨げでもあるから、之れを撤廃して貰はねばならぬ」（「大空を彩る女鳥人の群」）。そう言いつつも渡部は、女性に対する制限は日本だけではないから実際に撤廃は難しいが、心意気は買ってやるよう世間に呼びかけつつ、前時代の女飛行士よりは頑張っている、とも述べている。渡部は、月刊誌『航空時代』を創刊した会社の社長であり、航空業界の著名人である。にもかかわらず、追い風に乗るてふ子らの気勢を受け流すような他人事ぶりだ。業界人として具体的にアクションを起こし、きよ子らの訴えを叶えるほどの問題意識はなかったようだ。

この折、きよ子は自分の名前を「雅英」と改めている。前述したように、女らしいかな表記の名前を改名した飛行士はほかにもいたから、同じ目的かもしれない。ただこの名前、新聞記事など公的・世間的には男性で通りそうな字面ではないだろうか。素直に読むなら「まさひで」だろうが、実際は「まさえ」と読む。きよ子という女性らしいとされた名から、自らの手による男性的な名前へ。ジェンダー表現として大きな意味があったのではないだろうか？　本書では以降、読者のわかりやすさも加味して「雅英（きよ子）」と表記する。

飛行機を降りる

さて、当時は飛行士の資格が取れると郷土訪問飛行をするというのが通過儀礼のようになっていて、先輩や仲間が付き添ったりする。郷里で資金援助をしてもらう練習生からすれば、感謝や恩返しの意味もあった。てふ子も、物心両面で支えてくれた秋田の祖母を喜ばせるために郷土訪問飛行に旅立った。後援会が菩提野（現在の秋田県鹿角市花輪字菩提野）に着陸場を整備してくれ、ベテランの鎌田穀教官がサルムソン式2A2型230馬力練習機に同乗。途中、破損したプロペラの修理や天候待ちなどがあり、着いたのは四日後だった。菩提野の空で、てふ子は宙返りなどの技も披露して二万五千あまりの観衆をわかせた。そして着陸すると、観衆が見守るなか、待ち受けた雅英（きよ子）と抱き合った。続いて雅英（きよ子）がてふ子のサルムソンに同乗すると、三〇〇mの高さからパラシュート降下を披露。嫌がっていたパラシュート降下も、この日だけは格別だったのかもしれない。金のためではない、てふ子のために決めた一〇回目の降下だった。

雅英（きよ子）はこの二ヵ月後、鈴子が故郷・岐阜へ訪問飛行する際にも付き添うことになり、アブロ式504K型機に同乗して東京・羽田を離陸した。ところが箱根を越えたあたりで発動機が停止してしまい、機体が下へ傾き、現在の静岡県藤枝市を流れる瀬戸川の河原に不時着して機体が破損する。雅英（きよ子）と鈴子は現地で三日かけて修復すると再び離陸したが、高度一〇mほどまで飛んだあたりで突如、強風にあおられて大木に突きあたった。そのまま墜落し、機体は地面に激しく打ちつけられた。

前席に座っていた雅英（きよ子）は病院に運び込まれ、一命をとりとめたものの、片手片脚が動かない。雅英（きよ子）は飛行機に乗れない身体になった。

いっぽう鈴子は、翌一九三五年の郷土訪問飛行を最後に、飛行機を降りた。その翌年には千葉で練習生時代に親しくなった舞踊の師匠・西川扇歳（本名：中村ふく）の養女となった。幼い頃から家業の関係で踊りや長唄、三味線に打ち込んできたこともあり、その後は扇歳のすすめを受けて三味線で自立することをめざした。鈴子が飛行機を降りたのは、雅英（きよ子）の負傷に対する罪悪感なのか、飛行士として自立することに限界を感じたからなのか、理由ははっきりしない。雅英（きよ子）、てふ子らと飛行士クラブを設立したことや、その後の力強い足跡をみると、おそらく両方だろう。養母とともに芸道を進み続け、戦後、故郷で師匠として慕われた鈴子は、「芸に打ち込んでいる時の緊張感は操縦桿を握っている時と同じ」と語り残している（中村征子「高山の文化を高めた人々〈4〉飛驒唯一の女流飛行士」）。

雅英（きよ子）が事故に遭ってから五日後、てふ子は予定されていた「訪満飛行」へ旅立った。本当ならば、大好きな雅英（きよ子）と一緒に満州への空を旅するはずだった。

皇軍（天皇の軍隊）のために飛ぶ

満州に皇軍将士の慰問に行かないかというお話があって、喜んで本当は長山と一緒に行くつもりだったんですが、出発する一週間前に長山が郷土訪問というのでお友だちと乗ってその時にけがをしたので、結局私が一人で行くことになったのです。その当時の飛行機は、所沢で羽をいただいて、霞ガ浦で発動機をいただいて、立川で尾をいただいてというふうで、全部組み合わせで、玩具の飛行機のようなものです。今考えるとよくあれだけ整備したもんだと思うのですが。結局毎日の経験のつみ上げで、用心深くやって、けがをしないですんだのだと思います。昭和九年十月二十六日に羽田を出発したのですが、免状取って半年だったのです。若いからできたと思います。（……）
十一月三日に太刀洗〔ママ〕を立ち、三日に京城に着き、京城から真っ直ぐ奉天に行き、奉天から新京に行ったのです。新義州は途中油を入れるために降りたのですが、離陸する時に百舌鳥《もず》を引っかけたんです。木のプロペラなのでひびが入り、飛行機をとめて聞きましたら、プロペラがあるというんですが、兵隊さんはつけ方を知らないというんです。で、手伝ってもらって私がつけたんです。全部そういうふうに自分でやらなければならなかった。新義州で暇をとったが連絡がつかなかったので、家の方では行方不明ということで、ラジオでもそういう報道があったとかで心配したらしいんです。公主嶺あたりで夕日が落ちて暗くなりかけましたけれど、まあ無事に降り、翌日新京に着いたんです。当時は満州は開拓の最中で、ひろびろとした広野に新興住宅が建ち始めていました。皇軍将士の方は喜んで下さいました。

　帰りは船で帰りました。飛行機は向こうの小学校に差し上げてきました。（『フェリス女学院１００年史』）

一九三一年に日本軍が占領した「満州」にいる兵士を慰問するという目的の飛行だった。飛行先の皇軍兵士からも喜ばれたとあり、もちろん占領軍のための飛行だった。

機体については、のちにてふ子もこう振り返っている。――「私達〔数日前に出立した松本キクとてふ子のこと〕の用ひた飛行機は、あまりにも見窄《みすぼ》らしいものでした。時速百二十五粁《キロ》といふ、非常に遅い飛行機なのです。目的の飛行場に着陸した時は、歓迎の人達が、飛行機の傍に寄つて来るのが恥しい位で、早く格納庫に入れて、戸を閉めてしまひたいやうな気がしました。けれどもそれが洲崎の航空学校では、一番よい飛行機だといふのですから心細いものです」（馬淵テフ子・松本きく子「訪満飛行を終へて」）。

てふ子の同郷・秋田出身の佐藤要蔵は千葉県津田沼で墜落死しているし、てふ子が通った亜細亜航空学校の校長の飯沼金太郎も、箱根の丹沢山に突っ込んで左右の大腿骨を骨折する重傷を負っている。そして、飛行機に乗れない重傷を負ったきよ子の存在も重くのしかかったはずだ。そうした例を承知のうえで、空を飛びたい、飛行機を操縦して海を越えたいという意志が上回ったということだろう。そこに、日本軍の一員としての自負や植民地主義的野心も、あったかもしれない。こうも言っている。――「いゝえ、私達は何といはれても、それで気持が挫かれるといふやうなことはありませんでした。無理をさへしなければ、必ず飛んで行けるものという自信は十分に持つてゐたのです。飛んで行く時に、危くはないかな、なんといふ気持を起すのでしたら、飛行機には乗れません。難飛行にぶつつかつた時でも、これをどうして切抜けようかとは思ひますが、もう駄目だといふ気を起したことがありません」。

軍は、航空会社を援助することで飛行士を育成し、戦闘時の徴用に備える意向を崩さなかった。最初の非常時が一九三一年の満州事変であり、実際に効果を発揮したので、以降「満州国」にも陸軍のための航空会社が設立されていく。訪満飛行とは、「満州国」との親善と皇軍慰問という美名で侵略と収奪を覆った「満州国」のキャンペーン広告であった。

一九三四年一〇月二六日、雅英（きよ子）の代わりに一等飛行機操縦士の朴奉社が同乗して羽田を飛び立ち、てふ子は新京（「満州国」首都）までの二四四〇㎞の長旅に向かった。出立前、郷土訪問飛行に使ったサルムソン式2A2型はてふ子の名前にちなみ「黄蝶号」と名づけられた。

てふ子は一一月五日に新京に到着すると、飛行機を地元の小学校に寄贈してから帰国。てふ子の女子体専の後輩たち、フェリスの同僚や生徒たちは、報道に感激して喜びにわいた。

なお、飛行機に関する著書の多い平木国夫は、「テフ子は単独で飛んだと伝えられてきた」と自著『飛行家をめざした女性たち』に書いているが、新聞など当時の記録でも同乗者がいたことは明記されている。キクについても「同行者については一言もふれておらず」と書いているが、そもそも飛行士の評伝類では、同乗者が珍しくなかったためか明記していないことが少なくない。一方、キクの自伝『紅翼と拓魂の記』には、飛行時に困ったことがあれば誰かに指示をあおぐ場面がよく出てくるし、その相手への感謝の言葉も実名入りで述べられている。飛行機関係の伝記などはほとんどが男性の書き手であり、当時の女性飛行士についての記述は、まず見た目に言及され、言動を含めて憶測にもとづいた軽視が全体を覆っている。仕事とは男の本分であり、大事業を成し遂げ、ストイックに突き進むのが「男」の道だという「女人禁制」的な視点も、そうした伝記から見え隠れする。平木氏の指摘も、「女性飛行士はちゃんと仕事ができるのか」という無意識の軽侮があったからではないだろうか。そうした伝記類から飛行士の日常や感情が見えにくいのも、伝記には破天荒な男たちをヒロイックに描く「伝統」があるからだろう。

さて、満州から戻ったてふ子はその後、教職に専念した。働いて雅英(きよ子)を支え、ともに生きるためだった。

侵略は続き、飛行機の軍事利用がさらに進むなか、民間航空機は飛行記録を伸ばしていた。一九三七年には朝日新聞社による神風号の訪欧飛行、翌年には東京帝国大学による「航研機」

が飛行距離で世界記録を達成、その翌年には毎日新聞社のニッポン号が世界一周飛行に成功。これらのニュースにより、飛行機は一層、大衆的な人気を得た。じつはてふ子にはドイツへの飛行計画もあったが、神風号が訪欧した年に日中全面戦争に突入し、飛行機は完全に「女人禁制」となっていた。

戦争が拡大すると、飛行技術は占領地の拡大に活用された。商業航空のほか、平和な飛行活動を楽しむための各地の飛行協会は大日本飛行協会に飲み込まれ、飛行機は完全なる殺戮兵器と化した。

同居七年目の正月、戦闘を夢想する

てふ子が勤務するフェリス女学校では、校長が太平洋戦争末期に「この戦争を一日も早くやめ給え」「今日も味方の兵士の上にお恵みを、それと同時に敵の兵士の上にも」と祈っていたという。『フェリス女学院100年史』では、卒業生が「今になればりっぱだけど、その時はその言葉はショックだった」と述懐している。多くの生徒が、この卒業生のように体制に順応して生きていたし、軍と不可分の航空業界にいたてふ子と雅英（きよ子）は植民地主義と、「皇軍」の一員であるという意識に満ちていた。訪満飛行という軍のための役目を果したしたてふ子が、操縦桿を握りながら満州の土地を見下ろして何を思ったのかも、想像に難くない。

ふたりの生活がうかがえる数少ない記述とともに、その視点をたどってみよう。書かれたのは一九四二年の正月。てふ子と雅英（きよ子）は三〇歳になっていた。

ふたりが猫の太郎と暮らす横浜・本牧の住居には年末、『紅翼会回覧誌』第一号が届いていた。女性飛行士二十数人でつくった親睦会「紅翼会」の回覧誌だ。まずはてふ子が書きこんだ。帝国日本の軍事暴力を臆面もなく笠に着たような文面が目を引く。

> 今ラジオで『皇軍マニラ市内に近づけり』の報を元気な声で放送してをります。あゝ男に生れてゐたらナァと、思ふのは無理でせうか？
> 左手にレバー!! 右手にハンドル！ 脚下に逃げまどふ敵兵を、猛焔の街を心ゆくまで眺めたい、と、思ひません？
> いまに、いまに、きつと、お役にたつ時が来ると信じて、おとなしく？ 毎日をすご

してをります。

昭和六年四月から引きつゞき横浜の山手女学校〔フェリス女学校のこと〕の教師として、現在は「銃後の一員」と云ふ有難い尊い信念のもとに、おいぼれさうな体を鞭うつて時期到来を心まちにしてゐます。

横浜駅から北東にむかつて歩くこと十五分、桐畑六番地、長山（きよ）氏と太郎（猫）と私の三人だけの、いたつてノンビリした家族です。皆様方、何卒ヒマをつくつて是非御来駕下さいませ。時節柄、食べるものは充分ありませんが、思ふ存分話すこと、笑ふことはゆつくり出来ますから。

では最後に皆様方の御多幸をお祈り致しつゝ筆をとめます。（横浜市本牧満坂十一番地）

てふ子と松本キクが満州訪問飛行を実施したのは、前年に訪満飛行に旅立った矢先に箱根で墜落死した朴敬元の追善飛行でもあり、その遺志を継ぐこととも見なされていた。敬元は郷土（大邱《テグ》）訪問飛行を大きな目的のひとつとしていたし、てふ子もそれを知っていたが、てふ子の目的地は「新京」であり、朝鮮はあくまで通過点だ。てふ子の気持ちの重心がどこにあろうと、「内鮮一体」という他民族の抹消を掲げることこそが訪満飛行の意図だった。いくら美しい夢を語ろうと、それは帝国の飛行士によるプロパガンダであり、もちろん被植民地、被占領地からしてみれば侵略、暴力でしかない。

「きつと、お役にたつ時が来ると信じて」というてふ子の言葉には、「銃後」、つまり「母性」とは違うのだというせつないまでの自負がにじむ。男に並ぼうとすると警戒され、排除されたてふ子が、「活躍」しようとすると帝国主義戦争に協力することになる。皇軍の広告塔を任じられたてふ子らは国策の手先を務め、男並み＝家父長に擬したにすぎない。このように、「女性活躍」だとうそぶかれるような構図は、現代と同様にあった。

満州の空を飛んでいたときすでに、暴力的な想像がてふ子の頭の中をかすめたのだろう。それから七年後、日本が真珠湾を攻撃してから間もないこの正月、「脚下に逃げまどふ敵兵を、猛焔の街を心ゆくまで眺めたい」と唇を嚙むように書いたのだった。

女性は「国民」ではなかった？

近代化のためジェンダー化を推し進めたこの国では、「臣民」にも日本人男性―植民地男性―日本人女性―植民地女性といった序列があった。

もちろん日本人女性もほとんどが植民地主義を強く内面化し、朝鮮、台湾への植民地支配、アジアへの侵略を肯定し、戦争に協力し、敗戦を迎えた。たとえば「母性」を称えた平塚らいてうは、東京・世田谷の住宅地で自治共同社会をめざす「我等の家」が経営困難におちいった頃から、アジア各地への侵略を肯定し、戦争加担に傾いていった。学生時代に『青鞜』にハマり教師に怒られていた望月百合子もまた、「満州国」で新聞記者として「大陸の花嫁」を増やすための記事を書き、現地で日本人女性を指導的立場にするための学校や私塾を主宰したりした。「征服とか侵略とかいふ言葉を全く知らない全くの民族協和の国」（『大陸に生きる』）という幻想を信じ、女性である自分がおおいに発言でき、求められているという喜びをみなぎらせていたのである。

あらゆる政治活動から排除されていた彼女たちは「女性活躍」の場に立つと、「国体」の要請に目がくらんでしまった。地味な「銃後」より、敵地に突っ込み、天皇の子として壮絶に散りたい——帝国の臣民であることに優越感を抱いて育った当時の女性が、戦地で死にたいと願うのは決して珍しいことではなかった。

平時に帝国主義の暴力性、植民地が直面する深刻な問題を理解できないということは、戦時にそれを批判的にとらえるのは難しい。戦争は平時にじわじわと準備されるし、植民地主義は日常の随所に根差していて、みな空気を吸うように内面化していくからだ。平時のジェンダー構造が戦時に強化されるのは、「母性」の役目を果たさんと「銃後」活動にのめり込んだ女性たち、「母性」を戦地で担った従軍看護婦、そして公娼から日本軍「慰安婦」へと移行せざるを得なかった女性たちを見ればあきらかだ。植民地支配への批判的視点すら持てなかったてふ子も、飛行機という武器を持とうが持つまいが、望月百合子らと似たようなケースだろう。そしてもちろん、植民地支配の批判がなお甘い現代日本人が、前述の歴史を繰り返さないといえるだろうか。日本の女性の戦争協力・加担への批判はフェミニズムにおいてもなされてきたが、植民地支配への内省や、いまある植民地主義の克服にはあまり関心が払われていないのではないだろうか。

一〇〇年前のオルタナティブな生活

家族は「自然」ではないし、不変ではないということも、歴史上、明らかだ。てふ子が文中で書いた「いたつてノンビリした家族」が皮肉にも証明しているように思えてならない。帝国日本が死守した「理想の家族」とはかけ離れているではないか。てふ子、雅英（きよ子）、太郎（猫）の「ノンビリした家族」は、幸いなことに現代では珍しくない。

てふ子に続いて雅英（きよ子）が一九四二年、『紅翼会回覧誌』に書いた次の文章にも、てふ子が図らずも示した「家族」のオルタナティブなあり方――その歴史の一側面が垣間見える。そしてここにも、帝国日本との危うい関係が見て取れる。

世のひねくれ者、とつて三十二〔数え年。満三〇歳〕。今まで一度も有難い正月だと思つたことはなかつたけど、今年ばかりは、有難いナと沁々《しみじみ》感じ、平穏な正月を過しました。餅も食べた。正月料理もたべた。腹も正月らしく満腹。何も不服を云ふことはない。が、敢へて言ふならば、男でなかつたことだけ。だが女もなければ国は栄んのだ。

女の存在亦大なりと思へば、自ら慰すことも出来るもんですね。

ハワイに、フィリッピンに、マレーに、想ひを致す時、感謝の念一杯です。(……)吾々はたつた二十数名のクラブだけど、これ以上会員を増やすことの出来ない特種な処に誇りを見つけますね。然し、時来たらば会員の増えんことを望みますが。ヂイさんになつても、バーさんになつても、否、ヂイさんになることは生涯ありますまいが、とにかく、今後永く、空の精神の結びついて行くことを願ふ次第です。木部〔先輩パイロット、木部シゲノ〕姉が来る四月に御出京と、二三日前に手紙が来たから、大きな楽しみにしてゐるんです。

人生の最大資本は、健康也。まあ精々、丈夫に生きて、医者の不必要時代を造り出して下さい。こんなこと書いて、会員の中にお医者さんの奥さんになつてゐる人があつたら、長山の馬鹿野郎とどなるでせうが、偽らざるところです。

みんな死なないで、何時迄も生きて下さい。大丈夫、後はつかえません。吾々の国土は今将に、亜細亜全洲にならんとしてゐますから大丈夫です。(横浜市本牧満坂十一番地　馬淵テフ子方)

「馬鹿の考へ」と題したこの文章は、てふ子に遅れること一週間後に書かれた。てふ子の文章を読んだうえで自分の考えを整理したであろうことから、謙虚とも自虐ともユーモアともとれるこのタイトルに、本音をにじませたのではと思ってしまう。

「平穏な正月」のくだりからは、穏やかな気持ちで過ごせる相手と一年を送ることの、飾らない素顔がうかがえる。雅英（きよ子）とてふ子のように、家族から離れ、結婚をせずに親しい者同士で生活することは一般的ではなかった。実家に帰省したなら、親や親類から結婚や「いい人」についてとやかく言われることの鬱陶しさは、現代の比ではないはずだ。「今まで一度も有難い正月だと思つたことはなかつた」とは、家族主義から離れて生きてきたがゆえの苦みを反芻《はんすう》しているようだ。それに、練習生時代から一〇年たってなお、「男だったら」と言葉にしたのは、飛行士として戦地に向かいたいという願いが「女人禁制」により否定されたことの悔しさだろうか。戦後、雅英（きよ子）は「僕」と自称していたことが確認されているが、この時点では「長山」と自称していたようだ。後半の「ヂイさんになつても、バーさんになつても、否、ヂイさんになることは生涯ありますまいが」という表現も雅英（きよ子）の意志とみるべきではないだろうか。

とはいえ、心身ともに傷を負った雅英（きよ子）には最大の理解者がいたし、暮らしぶりは周囲で「美しい友情」と見られていたので自然とふたり暮らしを続けられていた。ケガゆえに「家」から逃れられた八年の時を経て、生活はふたりだけの形になじみ、平穏な正月を過ごすことができたのだ。闊達さとユーモアが漂う文体からは、戦後、文房具屋を営んだ姿もほの見える。難しい道をあゆみ連帯した仲間たちと誇りを共有しつつ、航空史に足跡を残したという自負、少し外れた地点から世間を把握する知性ものぞかせる。回覧誌を受けとった仲間たちの心をひと時、軽くしたのだと思いたい。

家族制度の先へ

さて、ここから二年、時を進める。戦後のてふ子の語りから、戦争末期の足どりを追ってみる。

フェリスをやめたのは昭和十九年の四月でした。家庭の事情で静岡の方へ疎開したのです。ほんとは皆さんと一緒に戦争中の苦労を共にしたいと思ったのですが、家庭の事情で疎開し、掛川の東高校に参りました。そこで戦時中の苦労をしたわけです。終戦後清水にまいりまして清水で昭和三十九年までつとめました。（『フェリス女学院100年史』）

フェリス女学校では授業ができる日も減り、生徒たちは軍需工場に出勤する日の方が多くなった。敵性語が含まれるとして校名は「横浜山手女学院」と変わっており、宣教師たちはアメリカへ帰国していった。

この回想にあるように、てふ子は一九四四年四月、一三年勤めたフェリスを辞職し、雅英（きよ子）とともに静岡県掛川へ疎開。『フェリス女学院100年史』は、てふ子の飛行士としての足跡を紹介したうえで、事故で片脚が不自由な身となった雅英（きよ子）を「いたわり生活の道を立て生活をともにして助けた美しい友情は現在までつづいている」と当時の状況を伝えている。

疎開について「家庭の事情で」と繰り返したのは、当時の学生たちへのある種の引け目からくる定型句的な表現なのか、雅英（きよ子）かてふ子の親類のつてがあったのか、はっきりしない。

てふ子は疎開先の静岡県立掛川高等女学校に体育教師として赴任し、戦後は静岡県立清水西高等学校で一九六四年まで勤めた。雅英（きよ子）は小さな文房具店を営み、店では飛行機の模型が子どもたちの目を引いていた。冒頭でみたように、雅英（きよ子）が小学生たちから男装の人と認識されていたらしいのは、この頃のことだ。

てふ子が『フェリス女学院100年史』のためインタビューを受けた一九七〇年頃、ふたりは仕事を引退して伊豆・伊東に土地を買って家を建て、「地域の人々のため奉仕して老後を有意義に過ごして」いた。ふたりで穏やかに老後を過ごせる土地を求めたのだろう。

やがててふ子が発病、一九八二年から病院通いをするようになると、今度は雅英（きよ子）が献身的に看病して支えるようになった。立場が逆転したのだ。それから三年後、てふ子は雅英（きよ子）に看取られ、七四年の生涯を閉じた。てふ子の遺言により、雅英（きよ子）は養子となり、「馬淵きよ子」として二〇年ほどの余生を送った。

ふたりと似たケースに作家の吉屋信子と門馬千代がいる。吉屋はひと回り以上年長で、てふ子より一〇年ほど早く死去した。てふ子が吉屋のことを知っていたかどうかわからないが、雅英（きよ子）を養子とすることで公的な「家族」とした事実に、万感の思いが込められているように思う。雅英（きよ子）がつらい思いをせず生をまっとうしてほしい、幸せでいてほしい。具体的には「生活に困らないように」という切実な願いがあったはずだ。いまでいう同性婚の意思表示とも見ることができる。

家族制度から外れた人が生きにくい社会は、まだ目の前に広がっている。女子教育の現場に立ち続けたてふ子も、無惨に翼を折られた雅英（きよ子）も、ふたり暮らしをするなかで、そのことをかみしめてきたはずだ。

近代化というブルドーザーは、多様な生／性をあゆもうとする人々を強制的にならし、家族制度の鋳型にはめこもうとしてきた。

そこに抗っても、あるいは「そういうものだ」と信じた道を進んでいても、説明がつかないような不合理なことが、人生には起きてしまう。戦争で命を落とす。自ら選びつかみ取った喜びを、一瞬で奪われる。雅英（きよ子）が何度も「なぜ自分は男でないのだ」と嘆いたこともそうだろう。

ただ、てふ子と雅英（きよ子）は、もっとも大事に思う人と生をまっとうすることができた。その後半生は、てふ子の給料を柱として暮らす、慎ましく平凡な、でも終わってみればなかなか悪くない日常だったと私は想像する。てふ子が言ったように、戦前は教員をやりながら飛行練習生になれるほど時間的には余裕があったし、学生たちと登山も楽しめた。家族制度からは外れたが、だからこそ「生活」は守れたはずだ。雅英（きよ子）がもし魔法にでもかかってある日突然、シスジェンダーの男性になったとして、やはりあるべき姿に順応して長時間労働に縛られ、てふ子との時間を奪われたかもしれない。ふたりは出会ってから半世紀、数えきれないほどの言葉を交わし、同じ方向を見て喜び、怒り、悲しむことで互いを理解し、同じ時間を味わったのだ。ふたりだけのやり方で生活をつくり、関係性をつくりあげて家族制度を飛び超えたといえるだろう。

「生産性」だとか、男女の結婚を「標準的な形」とする言葉の暴力によって、その人本来の姿をゆがめる差別もまた、説明のつかない不合理である。「あるべき姿」から外れる人を「異常」とみて排除するのは、雅英（きよ子）やてふ子のような人々を歴史の淵に押し込める。ふたりのような生活を見つめ直すことで、不合理を生み出す政治を暴き、「家族」の意味を少しでもずらしていくべきだろう。そして、それを体現したふたり暮らしはたしかにあった。それが事実で、歴史で、人が生きるということなのだから。

——木部シゲノと○○

木部シゲノは「女性初の二等飛行機操縦士」である。一九〇三年に生まれ、三歳のときに故郷の福岡県築上郡八屋町（現在の豊前市）から、朝鮮半島の平安南道鎮南浦（現在の朝鮮民主主義人民共和国、南浦特別市）へ移住している。

木部と「ふたり暮らし」をした相手の名前はわかっていない。重要だと思われる次の資料を中心に、その謎めいた暮らしぶりをたどってみたい。①郷土史家・桑原達三郎による晩年の木部からの聞き書き、②女性飛行士の親睦会「紅翼会」回覧誌への自筆文、③文章を書くのが苦手だった木部に代わり親しかった及位野衣が書いた文章、④戦後八年目の年に雑誌に掲載されたミニインタビュー、である。なかでも②は、木部本人による文章であることから信頼度が高い。そこでの自称に合わせて、本書でも「木部」と呼ぶことにする。

帝国日本は維新直後から、自分たちが諸外国からやられた砲艦外交でもって朝鮮を開国させ、自分たちよりも不利な条約を結ばせ、「韓国併合」前の早いうちから実質的な主権を奪っていった。そのため、日本でいう「韓国併合」は強制併合であり、庚戌国恥と呼ばれる。抵抗運動、抵抗戦もまた早い時期から断続的に展開されていく。その間、日清戦争やシベリア出兵など折にふれ朝鮮人の虐殺が行われた。

「併合」で示された統治方針は、農業国家としての統治（米の収奪）、日本商品の市場としての統治、大陸侵略の兵站基地としての統治であった。そのためにまず行ったのが「土地調査事業」だ。大陸侵略をにらみ、基盤施設を建設したり、植民地農業を整備したりするための土地を確保したのだ。また、日本企業と競合する現地の資本を抑圧していった。

土地調査事業がはじまると多くの朝鮮人が土地を奪われ、生きるために「内地」に渡る朝鮮人が増えていった。もともと朝鮮は農業大国だったことから大部分の農民は小作農に転じ、八年かけて土地調査事業が終わったころには小作料が高騰、土地を手放さざるを得なくなった膨大な数の朝鮮人が行き場を失い、流民となった。そうした人々は「満州」、中国、台湾、日本などにごく安価な労働力として流れていった。

植民地統治における農業政策では、女性たちの経済的地位も急激に低下した。それまで伝統的な性別分業のもと、養蚕や農作業に従事してきた女性たちの困窮は深刻なものとなり、つねに失業の不安にさらされた。工場労働者になれば劣悪な環境で働かされ、民族差別、性差別もあいまって、ときに無給でこき使われた。そんななかでは娼妓や妾の道を選ぶ女性も増え、それを避けるために男性に従属せざるを得なくなった。植民地支配によって、女性の生きる道はかように出口を塞がれ、抑圧されていた。女性の総人口の七、八割が農村に基盤があり、のちに「慰安婦」にされた女性たちの出身地も農村部に多かった。

日本の女性で女工さんというと、貧しい家の娘という印象がある。だが、朝鮮の女性の場合はその比ではなく、まず教育がネックとなった。多くの朝鮮女性には教育の格差がつけられていたため、工場労働すら高い壁だったのだ。それこそが、「慰安婦」被害者が工場で働けるというという甘言に騙されることにつながった。もちろん、職業婦人や飛行士などは高嶺の花だった。

「ボク、飛行士になるよ」

木部家が朝鮮の鎮南浦へ移住したのは、父・幾松の意向により新天地を求めてのことだった。幾松は八屋町で魚屋や雑貨屋などさまざまな商売に手を出しては失敗していた。それでもまた似た商売を続けた背景に、日本からの歴史的な「朝鮮出漁」が大いに関係している。

維新後まもない一八七六年、日本は朝鮮に不利な「日朝修好条規」を締結した。一八八三年には「朝鮮国に於て日本人民貿易の規則」（以下「貿易規則」）を結び、ここで全羅・慶尚・江原・咸鏡の四道におよぶ日本人漁民の漁と、現地での販売を認めさせた。さらに、これを補足するかたちで一八八九年には日本に有利な「日本朝鮮両国通漁規則」が整備され、日本人はますます朝鮮半島近海へ出漁するようになる。

もっとも、日本から朝鮮半島近海への出漁は最初の「貿易規則」以前、近世から西日本を中心におこなわれていた。山口や広島、鹿児島などの漁民が対馬を拠点に日常的に朝鮮半島近海へ漁に渡っていたのだ。維新後の規則は、そうした背景があったからだともされる。

通漁規則により、木部の故郷である福岡県は遠洋漁業練習補助費を出すようになった。さらに、日清戦争を経て清国・朝鮮半島・南洋方面の漁業奨励補助費も出るようになり、増額された。木部が移住する頃には移住と漁業をセットで奨励する制度も整った。移住者向け漁業拠点のひとつが、木部家が移り住んだ鎮南浦だったのである。

かつては小さな漁村だった鎮南浦も、日清戦争を機に日本軍の兵站基地となったのちに開港し、鉄道も敷設されるとさらに「発展」したという背景がある。一九〇五年には韓国統監府の理事庁が置かれている。

完全植民地化である「韓国併合」までは、日本人の定住は法律上、居留地に定められていた。だが実際は京釜鉄道沿いの街などで不法滞在のかたちで居住者が増え、なし崩し的に定住が進んだ。

鎮南浦の「発展」の背景にある日清戦争は、朝鮮からみれば朝日戦争であり、実態は朝鮮への侵略戦争だったことが、近年の研究により指摘されている。日本は日本人居留民保護を開戦の口実としたが、実際は虐殺をおこなっており（甲午農民戦争）、川上操六の「悉く殺戮すべし」という言葉は日本社会では知られていない。

さて、木部の生まれ故郷の八屋町は江戸時代からの港町で、日朝両国通漁規則ができた時期に町村制度により誕生した。前述のような遠洋漁業の伸展に合わせて、町の有志が豊州鉄道を開設、石炭の積出港としてもにぎわった。人・モノが行きかい、外の世界へと視界が開けやすい環境を支えたのが帝国日本の植民地主義だったことは、前述の前史からもわかるだろう。

『豊前市史』には、郷土ゆかりの人物として木部がこう紹介されている。――「断髪男装で異彩を放ち、生涯航空思想の普及に情熱を燃やした。（……）幼少から男まさりの気性」。

きょうだいたちとは違い、木部は物心ついた頃から、長い髪をお団子に丸めた髪型以外は、活発な男の子のようだったという。「ボク」と自称し、朝鮮に渡ってからは自転車を乗り回して両親の配達や魚の箱詰め作業を手伝っていた。体が丈夫だったので、毎朝、薪割りと井戸からの水汲み（二〇杯）を、鎮南浦を去る二〇歳まで欠かさなかった。学校では、木の枝を振り回して兵隊ごっこの隊長を演じるなど、つねに男子の集団に交じって遊んだ。竹馬、鞭を使って戦わせる朝鮮独楽、自ら作って飛ばせた朝鮮凧はいずれも無敵だったと、後年まで木部の記憶に残った。

中学になると柔道で体を鍛えることに惹かれ、「魚屋の娘で終わりたくない」と思うようになったようだ。その願いは、京城で行われたアート・スミスの飛行会を見たことでさらにふくらんでいく。幾松が汽車でも魚の輸送をしたというから、汽車で二〇〇㎞ほど離れた京城まで出かけたのかもしれない。木部の生まれた頃に勃発した日露戦争に際し、人員や物資を輸送するため、京城－釜山間、京城－開城、そして平壌を経由して新義州まで鉄道が開通し、大陸までを結んだ。鉄道は植民地支配の重要なインフラとして敷設された。

朝鮮半島各地で行われたアート・スミスの曲芸飛行会は、現地メディアでも大きく報じられた。なお、朝鮮人女性初のパイロットであり、抗日運動、朝鮮独立運動に打ち込んだ権基玉《クォンキオク》もこの折にアート・スミスの飛行を見ていたようだ。飛行会から戻った木部は母・キタに、「ボク、飛行士になるよ」と興奮気味に話した。キタが「おなごが飛行士になれるやろか」と困惑しながら返すと、木部は「なれるくさ。なして、おなごはなれんとね」と力強く問いかけたという。

木部家の経済は相変わらず苦しく、木部は女学校には行けず、小学校高等科を卒業。晩年の木部に取材した桑原達三郎の『太刀洗飛行場物語』(以下、『太刀洗』)では、女学校に行けず悔しかったと、桑原の解釈により自明のこととして書かれているが、当時「ボク」と自称していた木部の本心はわかりようがない。

ともあれ、手を尽くして金を貯めた木部は、飛行士になるため上京したいと両親に懇願して許された。兵頭精が初の女性三等飛行士になったとの報道に、木部の胸ははちきれそうになっていた。

お仕着せの「女らしさ」を脱ぎ捨てる

一九二三年、木部は二〇歳で上京する。蒲田の日本自動車学校航空科で飛行理論などを二ヵ月かけて学んだのち、橘樹郡潮田末広町（現在の横浜市鶴見区末広町）の第一航空学校で操縦の実習に入った。上京してからも貧乏生活が続き、運送会社に勤めながらトラックの免許も取っている。

上京に際し、近所の洋品店の女性が舶来品の帽子をプレゼントしてくれていた。鮮やかな赤い花が縫いつけられた流行の帽子で、のちに福岡で郷土訪問飛行の折に機上からまいた挨拶状に掲載されたポートレートでかぶっている帽子だと思われる。モダンガールがかぶっているような、つばが短くなだらかなカーブのデザインは、木部にはなじまなかったのかもしれない。

上京すると、母・キタが男勝りな木部を案じて伸ばさせてきた長い髪を、すぐに切り落とした。『太刀洗』は「シゲノは瓜実顔の美人である。それを豊かな黒髪が引き立てていた」とし、毎朝の支度に難儀したから散髪したと説明している。木部は下宿代を免除してもらう代わりに朝三時に起きて同居人たちの朝食や弁当の準備をし、四時に下宿を出ていたのだ。いぶかしがる床屋には「ボク、飛行機の練習をしているの」と言ったという。木部はこの日を境に髪を伸ばさなかった。

「外地」出身のパイロット

木部は五〇〇〇円の借金をして入学した学校で必死に訓練を積み、一年弱で三等飛行機操縦士に、一九二七年八月には、「女性飛行士」としては最高の二等飛行機操縦士の免許を取得した。なお、実地訓練をした第一航空学校の後輩には、長山雅英（きよ子）がいる。木部が、雅英（きよ子）、そして雅英（きよ子）と親しかった上仲鈴子と一緒に写った写真が残っている。洒落た背広に蝶ネクタイを合わせ、じつにスマートな立ち姿だ。後年までずっと男性のいでたちで通した上仲、雅英（きよ子）も同様のスタイルで決めている。

「女性初の二等飛行士」の誕生は、メディアも大きくとりあげた。その姿から「男装の麗人」としても脚光を浴びるようになり、『太刀洗』では、資金づくりのための講演用に銀座であつらえた服を着た木部を「別人のように美しかった」と表現している。なお「男装の麗人」は、「男装」した女性を示す、当時スタンダードな表現であり、木部にとってなじむ表現だったかどうかはもちろんわからない。

その頃、幾松が病で寝込んでいた。すぐにでも朝鮮各地で訪問飛行を実現して父を喜ばせたいという木部の願いは、まもなく叶う。現地では木部の強力な後援会が立ち上がり、軍の重鎮も顔をそろえた。続いて行われた福岡各地をまわる郷土訪問飛行では、住民が総出で滑走路をつくりあげてくれた町もあった。見学に来たある母親から赤ん坊を抱いてほしいと言われた木部は、力士に男の子を抱いてもらう土地の風習を思い出し、快く応じた。『太刀洗』はこの出来事を、こんな推測で締めくくる。――「結婚していれば……と思うと、しみじみとした気持で赤ん坊を抱きしめ続けた」。

「孝行娘」と報じられたわけ

このように、桑原による『太刀洗』は、聞き書きながら解釈、評価を述べる部分にステレオタイプな見方が貼りついている。そしてそれは、「女性初の二等飛行士」を報じるメディアも同様だった。「浮いた噂」がなく、勤勉に訓練に励んだ木部を、メディアは「孝行娘」「美人」

と理想化して報じたのだった。

二等飛行士に合格した頃の木部は、そのスマートなルックスで世間を騒がせ、芸能人のようにブロマイドが売り出されていた。一時は映画スターになるとの噂まであり、スピーディーな飛行スタイルも含めて男性からも人気を集めるようになる。

ただ、三等飛行士の頃は少し状況が違った。立川の陸軍飛行場で三等飛行士による競技大会の参加者二五人はくじ引きで決まり、木部は唯一の女性として報じられた。『東京朝日新聞』(一九二四年一一月一一日)は、「例の第一航空学校の女流飛行家木部しげの嬢には一番ビリ籤が当る黒天鵞絨の背広に鳥打帽と云ふ男装した此の女流飛行家はその男装に応はしくすつかり男性になりすまして居る」と揶揄まじりに紹介した。一方、『東京日日新聞』(一九二四年一一月九日)は「美人で親孝行な女飛行家　木部しげの嬢」との見出しに、「女学校を卒業した美人でしかも大の親孝行」と、事実誤認のうえにとってつけたような表現だった。

三回にわたり木部の特集記事を組んだ『京城日報』(一九二四年一二月一五日・一六日・一七日)には、木部の貴重なコメントが掲載されているが、一五日の見出しには「天界に咲く紅の花　朝鮮が生んだ最初の女流飛行家　木部しげのさん」とある。木部は意気込みをこう述べる。

——「欧米の女は男子と伍してすべての方面に活動して居る。自分は普通の家庭の女として生涯を終りたくない。この元気と、この体力とあれば、どんな危険な仕事でも出来さうだ。また一つにはこの貧乏暮しから遁れて、両親を喜ばせて上げたい。それには飛行家となるより外、自分に相当な華々しい仕事はない」。この言葉にもあるように木部はたしかに両親思いだったが、それは両親の苦労をまのあたりにして、幼いころから家計を助けた体験に根差した発言だろう。それに、「普通の家庭の女として生涯を終りたくない」「この元気と、この体力とあれば、どんな危険な仕事でも出来さうだ」という言葉は、メディアが期待する「孝行娘」のセリフとはとうてい思われない。世にいう孝行娘とは、良妻賢母の卵だったからだ。また『読売新聞』では、「福岡県八屋町の出身で朝鮮鎮南浦の乾物屋の孝行娘として総督府から表彰された本邦女流飛行界の花形木部シゲノ嬢（二一五）」云々と、やはり孝行娘ぶりが付け加えられた。飛行界が本来は男性の領域だという共通認識があるからこそ、世間が納得できる理由づけが必要だったのだろう。既述したように、故郷を飛び出して飛行学校に入学した草創期の女性たちは親不孝ぶりを書き立てられていた。つまり、飛行士になることが切実に願う夢、一個人の大志であってはならないし、ましてや「仕事」であってはならない。境界を越えてはならないのだ。例外的な存在ではあるものの、その境界線はわきまえてはいるはずだという視点が、「孝行娘」という言葉に集約されたのではないだろうか。

航空記者・平井常次郎は著作『空』で、取材した木部の言葉を紹介している。――「女が飛行家として本質的には決して男子に劣るものではないといふことを、私は私の身を以つて如実にこれを立証しなければなりません。私は生涯を航空界に捧げて、一時的ではなく永久的に奮闘いたします。結婚のことなんか頭から考へたことがありません」。定期航空便の仕事の計画などの木部の野望と、結婚への拒否感を紹介したうえで平井は、「男もなほ三舎を避けるやうな獰猛な風采をしたミスの多い女流飛行家のうちで、彼女は一ばん女らしさを失つてゐなかつた。姿や形だけではなく飛行場では野郎仲間の飲食から洗濯の世話まで心から親切にしてやるので一般の気受けもよく真面目に勉強したので曲技飛行まで差許されてゐた」とする。これが事実なら、木部もまた多くの女性練習生がそうだったように学校で女性役割（ケア）を押しつけられ、だからこそ練習を「許され」るような空気があったのかもしれない。あるいは、先輩や教官に対する感謝の気持ちを欠かさなかった木部の姿勢を、「女らしさ」に変換したか。そうして平井は、のちに木部が郷土飛行で墜落事故を起こしたことを、「郷土人の期待を裏切つた」「精神的にも物質的にも木部さんは打撃を受けて萎縮してしまつたやうである」と主観を述べ、「やはり女だ」とまとめるのだった。残念ながら平井が突出した性差別観の持ち主なのではなく、こうした見方は飛行業界やメディアの常態だ。こうしたものを鵜呑みにしていては、木部の素顔が見えてこない。

木部が、飛行士を仕事にして生活していくために次にとった選択は、軍で曲技飛行を習得することだった。木部が霞ヶ浦海軍航空隊に出向いて直談判すると、軍はさすがに戸惑いをみせたが、特例として一〇日間の仮入隊を許可。無事に曲技飛行を習得した木部は、鎮南浦と福岡での訪問飛行で錐もみ（らせんを描きながら垂直に落下する飛行）などを披露して、約二万の群衆をどよめかせたのだった。

「飛んで死ぬ、死に度い自分」

一九四二年二月二日。北京市内西城安福胡同に住む木部のもとに、京都に住む飛行士仲間の西原（旧姓・今井）小まつ経由で『紅翼会回覧誌』第一号が届いた。送り主の「小満つさん」の名前を見て、木部は「急ぎ開封」する。

ところで、木部はなぜ北京にいたのか。郷土訪問飛行を終えてから母校・第一航空学校の助教官を五年間務めたのち、父亡き後の家業を助けるために鎮南浦へ戻り、自動車運送業などを開業して成功を収めた。だが日中戦争が激化するとガソリン統制が進み、飛行界の「女人禁制」もあり、自動車も飛行機もあきらめざるを得なくなった。やがて伝手《つて》を頼って満州で航空関係の仕事に着き、一九三八年に北京の胡同《フートン》へ渡った。ここでも商才を発揮して、燃料卸と雑貨商「安福洋行」を開業。なお、知人の中国人から習った料理にはまった木部を、『太刀洗』は「シゲノは、やっと女性らしく自分の身のまわりに目を向ける余裕を持った」と描いている。

さらに、店の前に建つ中華航空との縁でグライダー操縦を習得、そこで訓練指導を担当した。木部が『紅翼会回覧誌』に近況を書いたのは、グライダーに関わっていた頃のことだ。現在、確認できる唯一の、本人による文章である。木部はどんな心境で、どんな生活をしていたのか。アイデンティティものぞける、木部の言葉をたどってみる。

初づ同じ釜の飯をくつた今井氏の筆。オバアチャンとは、まさか白髪は無かろうに、年を取つたなア、と思つた。僕はまだ青年以上の力と元気さを以て、中華人、日本人の大の男を向ふに、ホソイ自分は支那の商業に新らしい勉強と努力をして来て居る。

北京での二年間は勉強で、タダ食つて来たに過ぎない。今年はヤルゾと、飛行練習時代と変らぬ働きをして居る。一里の道を朝三時起き、茶ヅケをカツ込んで、歩いて飛行場へ、一日中を希望にモエた意気で働きぬいて、カラベンさげて着いて九時、グッスリねて翌日、何一つ苦に成らず進んだあの頃と変らぬ今日、北京で年を取つたが、三時には起床はむづかしくとも六時にはマキをわり、今日の寒さをあたためてくれる石炭を、昨夜頂いて紙屑のチラバッタ外庭を、家主のツラーサで三家分の気もつかひつゝ、華人、老人、若者を勉強をありていに社会戦の庭に十日も前、自分の頃の飛行関係の若武士と五人で思ひ出をかたる。

初めるぞ。木部は大正十二年のその頃と同じく飛び初める。飛んで死ぬ、死に度い自分。商業のその道も八分通り勉強させてもらつた。たゞ金がタマラ無い。それは金が木部をスカナイのさ。面白くハリキッて、必要なだけ与へていたゞければ、死んでもつて行けるで無しですタイネ、です。故に働きつゝ飛ぶ希望も与へられそうな気が、いや六感がうごきましたです。（……）

相棒の彼の女の力も大きいです。有りがたうございました、勝手な熱を出して。合掌最後の「相棒の彼の女」とは、文脈から飛行機とも読めるし、末尾の「勝手な熱を出して」も併せると、文字通り同居する女性がいた可能性も捨てきれない。

木部が誰かと同居していたという話は、及位野衣《のぞきやえ》が一九七九年に書き残している。その五年前、木部ら紅翼会のメンバーで修善寺へ温泉旅行に行ったときのことを、次のように書いた文章である。

このすっかり身についた瀟洒な男装故にあこがれる女性もあらわれ、特に色町の女が追って来るのには解せないことがある。一説に女を満足させる術を心得ているといわれ、自身も面白がって死んだら解剖させるよ等ということがあった。それ故か朝鮮時代から北京引揚げまで同居していた女性があり、しかも子連れであったことから、〃僕には孫がいる〃という事があって上京と共に別れ、また別の女性と同居しているという不思議な生活を送っていた時代があった。ともかく、男性化した彼女の周辺にあらぬ噂があったことは事実で、別れ話で、彼女にかみつかれたと腕と肩にはっきりと歯型をつけていたことがあった。しかし、戦前の女性パイロットの〃親睦会〃である紅翼会のメンバー一同で五年前、修善寺に遊んだことがあり、この時も九州から一日早く着いて泊っていた彼女を、宿の女中が〝おじさんが一人参っております〟というので何の間違いかと上って見たら木部さんであった。久方ぶりに、すっかり枯れて一層男女の見分けがつかなくなった彼女の元気な姿に接した。（平木国夫『飛行家をめざした女性たち』）

「朝鮮時代から北京引揚げまで同居していた女性」が、北京時代の木部が書いた「相棒の彼女」なのだろうか。木部は文章を書くのが苦手だったようで、木部の名で残る「揺籃期の空をゆく」も及位が聞き書きしたものだとされる。自らの名で残す文章だから、及位への信頼のほどがうかがえる。噂がひとり歩きをすることもあっただろうが、及位によるこの温泉宿の回想は、客観的な木部像として信用できそうだ。

なお飛行史家・平木国夫は、右の著書の中で木部の『紅翼会回覧誌』を引きながら木部の印象を綴っている。平木は戦後、東京国際空港内でガイドをしていた木部をカメラに収めたことがあり、取材しなかったことを悔いていた。その理由を、「男みたいな彼女に、一種近寄りがたく敬遠したのも事実」としている。そこで、木部の操縦教官だった亀井五郎や及位に木部のことを取材したのだそうだ。

「顔なんて目印し」

敗戦後、帰国した木部は博多で三年間、食糧販売をしていたという。商売がうまくいき、生活は安定していったが、占領期が終わる頃、民間の航空事業再開の機運を受けて上京。一九五二年に日本婦人航空協会の創立に参画すると、東京国際空港内の協会事務所を拠点に羽田空港見学のガイドツアーをはじめ、たちまち人気者となった。戦前、飛行士として活躍した頃と同じく鳥打帽に男性用の背広、革の編み上げブーツといういでたちは空港名物となる。

日本婦人航空協会の創立に加わった頃、木部らメンバーを取材した雑誌記事に、木部の発言が掲載されている。女性誌『家庭よみうり』の「私の顔」というコーナーだ。各界の女性たちに「顔」をテーマに職業について聞く企画で、この号では戦前のパイロット七人が登場している。木部は最年長で当時四九歳。それぞれ飛行業界での資格と年齢、生誕地、結婚の有無が明記され、結婚している者は「〇〇夫人」、「既婚」、夫を亡くした者は「未亡人」、そして「独身」と表記されている。「独身」は、及位、松平和子、木部の三人。また、それぞれの顔写真を見ると、木部のみネクタイをしめた背広姿に短髪で、空港で目立ったのも納得のスマートさだ。

木部の肩書は、二等飛行士、曲技飛行士、日本婦人航空協会事業部長。その言葉には、人生観や人との付き合い方が端的にあらわれている。

ボクが女だってこと、すぐには気がつかなかったでしょう？　知らない人はみんな男だと思ってつき合ってくれる。

そういうことが必要だったんですよ。服装や態度を女らしくしていては、いくらこちらの気持や技術が男と変らないつもりでも女扱いされてしまうから。

とに角、日本で女が初めて飛行機を操縦したのはボクだからね。女らしくグニャ〳〵してたんではバカにされるし、まあ出来ないような時代だったたね。

大正十二年に航空学校に入学した時から廿何年、何から何まで男と同じにやってきました。やらないことは毎朝のヒゲそり位かな。

ええ、むろん独身。だがこのごろ結婚したくなったよ。誰かいい人いませんかねぇ——ボクのお嫁さんになってくれる人が。

何、顔だって？

顔なんて目印しだと思うよ。他の人とまぎれないためのね。

小気味いい語り口にいたずらっぽいユーモアがにじみ、木部の人柄がうかがえる。最後のひと言には、木部の本心が凝縮されているようだ。

故郷でひとり、老境の夢を

それから十数年。新ターミナルビルの建設が決まってから空港ガイドは減っていき、やがて木部ひとりになった。

木部は日本婦人航空協会を去り、故郷の八屋町を終の棲家とした。住居は、宝福寺裏の市営住宅を経て、八屋町下町消防事務所の二階に移った。この小さな住居でひとり暮らしをする木部を、『太刀洗』の桑原が妻とともに訪ねてきたのは一九七九年のこと。木部七六歳、死の前年だ。桑原による聞き書きには、故郷に引っ込んで久しく、ひとり暮らしをしてきた木部の偽らざる思いがにじむ。桑原の記述ににじむジェンダーバイアスはこれまで指摘してきたとおりだが、老年の木部の暮らしぶりは桑原の目に新鮮だったようで、その姿をいきいきと伝えてくれる。

貯金を日本婦人航空協会に寄付して故郷へ戻った木部の生活は、じつに質素だった。桑原が訪ねたのは古い消防ポンプ小屋の二階で、倉庫にしか見えなかった。滑りの悪いガラス戸を開くと、「刈り上げ頭のお爺さん」がジャージ姿で現れ、小学校時代に外まで鳴り響いた話をほうふつとさせる声で桑原を歓迎した。

木部は年金暮らしの簡素な生活に満足しており、恬淡としていた。さらに驚かされたのは、六畳間の真ん中に置かれた一畳ほどの大きさのぶ厚い板の上で毎晩寝ているという話だ。当時、女性による最年長操縦記録がイギリス人の八一歳で、木部はそれに挑もうとあと六年、鍛錬するのだと明かした。昔から「不屈」「前進」という言葉が好きなのだ、とも。

桑原はこのとき、「本当は、好きな人が居たとでしょう」ともたずね、木部は「いやいや。飛行機と結婚しましたたい」と笑った。何百回と聞かれたであろう質問だ。桑原はこの答えに納得し、「そうでなければ、これ程の凄絶な空への執念は説明がつかない」とまとめている。

たしかに、一面では桑原の想像通りなのだろう。だが、結婚に対する考え方、誰をパートナーに選ぶか、いま誰と暮らすか、あるいは暮らさないかという意志は、木部にしかわからないはずだ。木部以外の誰もがそうであるように。

「孝行娘」という鋳型

結婚しないと不幸だと世間に「評価」される。代わりになにかを選ぶとやはり理由を世間に「評価」され、あるいは詮索され続ける。それは一〇〇年後のいまも変わらない。しかも、木部が空を飛びまわっていた時代には、家制度のもと異性愛結婚、良妻賢母が理想で「常識」であり、いまとは違ってそれ以外の選択肢がないとされていた。いくら女性飛行士が出てこようと、前提として飛行士は「男の仕事」であり、女性は期間限定の例外扱いだ。だからこそ、異色な存在であった木部が居やすい場所でもあったのかもしれない。

木部が生まれる五年前に施行されたいわゆる明治民法によって離婚理由が制限されたことで離婚率は下がっていくが、当時はまだ江戸時代の「女大学」的価値観が幅を利かせ、「三不去七出」が一般的だった。「男子を産まない」「姦淫」「舅姑に仕えない」「おしゃべり」などの理由で嫁に離婚を言い渡せるという慣習だ。逆に、男児ができれば妻を入籍するという風習が残ったから、明治民法の届出婚が定着するとともに離婚率が下がったという面もあった。

多くの女性がこうした結婚制度のレールに乗らされていくなか、木部は結婚への拒否感を明言して生きた。木部の取捨選択の真意は本人にしかわからないとはいえ、桑原のいう「凄絶な空への執念」だけで答えが出るとも思えない。木部の発言は、男女二元論の「常識」を根底にしている面もありながら、それを完全に打ち消すような別の次元、もともと「解放」されていたかのような口ぶりにも聞こえるのだ。その姿勢は、あたかも未来から来た人のように軽やかに生きているようにも見える。

木部の意志そのものといえるジェンダー表現は、よくいわれた「孝行娘」という言葉にも鍵がありそうだ。

日本では歴史的に、女装よりも男装がよりとがめられやすい傾向があった。日常的な異性装は、女性に家への従属を説く儒教的道徳が行きわたり、男女有別の考えが根づいていたことから男装のほうが厳しく裁かれ、祭礼や幕末の「ええじゃないか」のような無礼講的なときですら、女性や子どもには特別な「お叱り」があった。たとえば一八六七年、駿府町奉行から出された口達では、駿府城下での「ええじゃないか」騒ぎに対し、「市中女子子供、男の姿をまね、或は髪を切り、風俗を相乱し、如何の事に候」と、女性や子どもの男装や散髪を風俗紊乱として処罰の対象とし、二五一人の女性の名を列挙した。また、江戸時代のトランスジェンダー男性と目されてきた「竹次郎ことタケ」も、幕府は「人倫を乱し候もの」という項目を新たに設けて処罰している。幕藩体制が許容したのは、男女の夫婦による「家」の相続、出産と育児、家族と共同体による体制維持だ。そのために、体制の再生産に協力的な者はことさら褒賞した。「孝行娘」もそのひとつで、各自治体史や民俗誌などに名が残る庶民の一類型である。だからこそ、体制の再生産を揺るがす女性のジェンダー逸脱行為は、とりわけきつく叱られたのだった。

木部が報じられる際の「孝行娘」、また恋愛により飛行界を去った女性に対する「女だてらに親を郷土に置いて」といった対照的なバッシングは、このような、庶民道徳由来の歴史的背景をもつ。「孝行娘」とほめることによって体制や風習にその人を縛りつけ、木部の意志そのものにみえるジェンダー表現は不可視化され、発言の政治性は薄められ、結果、軽んじられてきたのだろう。「良妻賢母でなければ孝行娘」というように、制度上、女性の生き方が狭い枠にはめられていたということは、女性たちを個別に表す言葉も紋切り型しかなかったということでもある。自分自身を表現するためにしっくりくる言葉は、長い時間をかけてフェミニズム、クィアなどマイノリティの運動史で磨きあげられてきたからだ。だが「正史」では多くの人が個性をゆがめて語られてきた。枠にはまらないばかりに存在を消され、自己抑制するあまりに生をまっとうできなかった人だっていただろう。

選びとる暮らし、選びとる生

時代の区切りが変わっても、制度が変わっても、社会の規範はさほど変わらない。「進歩」するとは限らないのだ。いまだ何代もの世襲による政治家が国を動かし、地域に因習的な文化風習が残り、あらゆる分野の要職、家職などがときに数百年もの世襲で決まり、「伝統」を印籠のように振りかざしてマイノリティを排除するこの社会に、私はこの頃「封建的」という言葉がぴったりだという気がしている。

望ましいとされる規範から逸脱し、揺るがす者は蔑視され、差別され、長山雅英（きよ子）と馬淵てふ子の共同生活が「美しい友情」と称えられたように、世間の受け入れ可能な範囲で勝手に名づけられてきた。そこに当人たちの意思は反映されてこなかっただろう。

特定のカテゴリに自分を押し込めないで生きた木部の姿はとても稀有なもので、いまの私たちにも力を与えてくれる。木部がラベルを必要としなかっただけで、現代と同じく、規範の影響を乗り越えながら性／生をあゆんでいたことには違いないだろう。

誰と生きるか、どんな生活を送るか。そこにはその人の政治観、社会をみる姿勢、そのときの立ち位置があらわれるものだ。木部の場合、選びとる方法、方向性がとても鮮やかだが、誰もが木部のように生きられるわけではない。だからこそ、ただ木部が選びとったもの、足取りが尊重されて語り直されていくように願う。

郷土訪問飛行という、軍と行政が用意した家制度的価値観が色濃い場で見せた姿を除き、木部の姿かたちはどれもその生き方に似合っていたように映る。木部が「ずっとそうだった」ように見えるのだ。幼い頃から心の奥底にしまった一番大事なものを捨てずに済み、周りに自分を溶け込ませなかった。木部は「自分で決めた」のだ。自分で選びとることで、アイデンティティを形成した人だったのだろう。木部は、そのクィアネスを受けとめきれなかった人たちからの「評価」の礫を、どうにかかわしながら、歩きつづけた。それが木部という人だったのだろう。そんな姿は、本人が目の前にいるかのように生々しく私を魅了する。

人が、ただの個人として生きることはなぜこんなにも難しいのだろう。誰かを解釈したり評価したりする前に――たとえば男か女かという枠で解釈する前に――体制が用意した区分にあてはまらない人を、前提としなければならない。二元論を手放せないでいると、目の前の人だけでなく、過去もゆがめることになるし、あるまとまりの歴史への敬意も失う。消えそうな歴史をもっと見つめなおし、もっと語り直す必要があると、木部のあゆみは教えてくれた。

そしてもちろん、木部のあゆみの背後で土地を、時間を、人生を奪われた無数の朝鮮人がいたことは忘れたくない。木部のように描きなおしすらできなかった「女性」たちがいたことも。

他人が一〇〇年以上も噂して「解釈」「評価」したあれこれを、ただの個人として生き切った木部のあのひと言が吹き飛ばす。

――「顔なんて目印しだと思うよ。他の人とまぎれないためのね」。

第３章

主従関係とふたり暮らし

――五代藍子 と 徳本うめ

「対等」な上下関係

あらゆる場が世襲と同質性の高い集団で占められ、人にやさしくできるギリギリの余裕すら削られていくいま、ただ人が身を寄せ合って生きるのに、まだ恋愛とか結婚とかの型に押しこめられる現実が、あまりに息苦しい。さらに、しかるべき社会保障制度が崩壊しつつあるいま、マイノリティが生き抜いていくには、地域コミュニティなど生活圏で支え合っていくことにしか希望がないようにも思える。苦労の多い人生を送ってきたまわりの先輩たちの言葉を聞くにつけ、最近よく感じる。

そういう先輩たちのなかには、私がずっと学んできて、恐縮してしまうような人もいるのだが、敬意をもって私に接してくれ、応援もしてくれる。ふとした言葉のやりとりに、私があゆんできた道への想像力がにじみ、抑えた表現に人情が感じられる。そうした言葉に導かれて今あゆめているとも思うし、幸福も感じる。

相手の立場や事情に想像をめぐらせれば、「上」から「下」への敬意も充分に成り立つということなのだろう。人が人に求められて大切な何かを渡していくとき、相手から吹き込んでくる風で、自分も少し新しくなる。そこにふと、「対等」な関係が生まれるのではないか。

そうした関係性は、かつての「ふたり暮らし」にもあったのかもしれない。本章の主人公、五代藍子と徳本うめは前近代的な主従関係で結びつき、静かな鈴鹿山麓の里で四〇年以上の歳月をともにした。

鉱山文化と、語り継がれる「藍さん」

五代藍子と徳本うめが暮らした三重県いなべ市北勢町を訪ねた。ふたりの話を聞かせてくれたのは、賀毛神社で権禰宜《ごんねぎ》を務める民上《みかみ》眞由美さんと、地元在住の出口日佐男さんだ。出口さんは、藍子の遺品を保管する南部総合事務所（治田《はった》簡易郵便局）や、藍子の写真の持主である菅井智子さん宅にも案内してくれた。菅井さんの家の脇を流れる水路を示しながら、出口さんがふと「いい水だなあ」と言ったので見ると、

裏書きには「昭和十七年八月治田鉱山にて」とある。藍子65歳の姿
（写真提供：菅井博哉氏）

飲めそうなほどきれいな水が流れていた。

出口さんは菅井さん宅の近くにある「まんぼ（西野々まんぼ。地元では「甘露寺まんぼ」とも）」という地下水路のトンネルにも案内してくれた。治田鉱山の採掘で培った技術で作られた立派な石段から地下水路をのぞきこむと、よくぞここまで作ったと、その知恵と創意工夫に感嘆した。「まんぼ」とは、鉱山の坑道を意味する「まぶ」が語源ともいわれ、「間風」「間歩」「間保」などとも表記する。同様の地下水路は全国にあるが、鈴鹿山麓の扇状地には全国的にみても「まんぼ」が集中しているらしい。少し位置の低いところを流れる川からでは田に水を引けないので、山の湧水を用水に引く。そのため川の水よりきれいな水が流れ、米もおいしくなるといわれる。

藍子は、こうした風土に根差した半生を、ここで送った。滋賀県側にあたる市の西側にそびえた治田鉱山を開発するという大志を抱き、うめとふたり、この地にやってきたのだ。

藍子は地域の人々に「藍さん」「五代さん」と呼ばれ、語り伝えられてきた。父・五代友厚が元薩摩藩藩士で大阪を近代商業都市に育てた名士ということもあり、「藍子」という名は「お嬢様」らしかったのだろうが、実際はいわゆるお嬢様のイメージからも女性のジェンダー規範からもかけ離れた個性の人だった。

菅井さんの家で見せてもらった写真には、藍子が通した「大通洞坑」の前で作業員たちと一緒にたたずむ姿が写っている。治田鉱山の入口だ。写真のように、藍子は六角棒の杖を携え、もんぺにゲートル（脚絆）という作業用の軽装で山に入っていた。取材時の時点で鉱山口は近年の豪雨災害によってほとんどふさがっており、六七〇m掘り進めた坑道は落盤して一七五mほどになっている。

また、摂津国（現在の大阪府北中部と兵庫県南東部）の多田銀銅山から移住した人々が、菩提寺として新町に甘露寺を建立し、産出した銅で梵鐘を造ったとも伝わる。このように、この土地ではそここに、鉱山で栄えた歴史を見つけることができる。

藍子の郷土小説と『あさが来た』

藍子を描いた「白い月・五代アイの生涯」という小説がある。作者の福田かよ子氏は、かつて藍子が暮らした「麓村」地域の近くに住んでいたこともあり、ノンフィクションパートもはさみながら、史実をよく反映した物語となっている。藍子の姿は、勉学への志向や「男装」などの個性が客観的に描写される。作中のうめは、「五代家からの配慮で」藍子の侍女としてこの地にやって来たという設定だが、これもおそらく史実に近いのだろう。ふたりの暮らしや藍子の立ち居振る舞い、服装、鉱山まわりの風俗描写などがいきいきと展開するのは郷土小説ならではだ。ちなみに福田氏は、小説の執筆中に朝の連続テレビ小説『あさが来た』が始まったので驚いたそうだ。小説には、『あさが来た』の主人公あさのモデルである広岡浅子も、ドラマで人気を博した五代友厚も登場するからだ。

小説を執筆する四〇年ほど前、福田氏の実家がある石榑《いしぐれ》から三㎞ほどのところに、いまは廃村となった茨川村《いばらかわむら》（滋賀県東近江市）があった。福田氏が、かつて登山仲間と員弁《いなべ》郡治田の青川峡谷に沿って歩いていたとき、隧道《ずいどう》に行き当たった。人工的な痕跡を不思議に思っていると、出会った登山者の話で、そこがかつて鉱山だったことを知った。さらに登り、治田峠を越えると、集落の跡もあった。そこで銀や銅の採掘をめざしたのが「女ヤマ師・五代アイ」であることを福田氏は四〇年の時を経て知り、それから「女ヤマ師」を調べはじめた。

藍子が、親友の井上秀（のち日本女子大学校の校長）に、治田鉱山を開発する夢を語り、父の遺志を継ぎたいと打ち明ける場面では、秀がかつて広岡浅子と一緒に九州の炭鉱を見に行ったことについて、藍子がたずねる。秀は浅子の娘・亀子と女学校の同級生で、あまりに優秀なので浅子に目をかけられていた。秀は、藍子の意志を尊重しつつも、大変な事業だと心配も口にする。

藍子の鉱山開発の日常は、次のように描写される。

毎日、男と見紛うような格好で愛犬のシロを連れ、六角棒のつえをついて出かけた。途中で菅井さんの家に立ち寄り、縁側で熱いお茶をよばれてから、地下足袋のコハゼを掛け直して歩き始めた。アイ〔藍子〕と菅井さんと使用人のたった三人は昔、オマキという女が金を掘って裕福に暮らしていたという、この土地に伝わる『オマキ伝説』を語りながら歩いた。

「菅井さん」とは、前掲の写真に藍子と一緒に写っている菅井覚次郎で、写真を見せてくれた智子さんの祖父である。藍子は山中で片足を怪我して以来、引きずるようにして歩いていたので、杖が欠かせなかった。また、足を痛めた晩年の藍子が、参政権を無駄にすまいとリヤカーに乗せてもらって投票に出かける姿も印象的だった。浅子も藍子も、周囲を驚かせる事業に取り組んだ人だから、女性が自ら選択することの意義を強調するために入れた描写だろうか。

「その日暮らし」と題した次の一文からは、後年のふたりの姿がうかがえる。

藍子とウメはまれに富田港の方から魚の行商人がやって来ると、御馳走としてメザシやサンマの干物を買うこともあったが、自給自足のその日暮らしの生活であった。雨の日は電波の乱れるラジオの横っ面をたたいて調子を取り直して聞きながら、石臼で米や豆を挽き、粉にしていた。四畳半の冷たい板間でウメにおかずの品数を少しでも多く作らせて三回の食事を楽しみにしていた。

鉱山開発ははかばかしい成果がないまま、老いたふたりの暮らしは質素になっていく。そんな折、大阪で開催される亡き友厚の記念式典に行くために、ふたりで阿下喜《あげき》駅方面まで絣の反物を買いに出かけた。そこで、「寒くなったから」と藍子に買ってもらった緑色のコートを、うめは胸に抱きしめる。いつも東京や大阪から藍子の客が訪ねてくるたび、うめはふたりの着物を売って金に換え、もてなすよう心を砕いてきた。小説では、うめにとって生まれて初めてのコートだとされるが、藍子が買ってくれたことこそがうれしかったようにも読めた。なお、この呉服店は現存し、うめがふたりの着物などを売っては金を工面していたことも事実だった。

藍子は八〇歳前後になっても足をいたわりつつ山に入っていたが、身体は確実に衰えていた。ある日、藍子が入浴中に倒れ、「御主人」の異変に気づいたうめが隣に住む鈴木春樹さん（故人）の家に駆けこみ、急を知らせる。

「障子越しに梅の枝が影絵のように映」る、春の穏やかな日。藍子は、親しい医師とうめに看取られて八八年の生涯を閉じる。うめは藍子の白い飯茶碗に水を入れて持ってくると、ガーゼを浸して藍子の口元をそっと湿らせ、家紋が入った白い布で顔を覆った。ふたりが愛した犬のシロは、藍子を恋しがってか、夜通し「クーウウン」と鳴く。

物語が閉じられたあとには、福田氏が取材した地元の人々の名前が並び、続いて、執筆中に図らずも朝ドラの放送が始まったことに言及し、藍子を悼む言葉を添えている。

遺品ににじむ父への敬意

『あさが来た』では、主人公あさと親しくなる「五代さま」こと友厚の人気と知名度が急上昇した。前述したように、藍子が着物を新調して亡き父の式典に出た話は史実をもとにしており、大阪商工会議所に銅像が再建された折のことだ。それから六〇年以上経ち、放送中、大阪に友厚の新しい銅像が建てられ話題を呼んだ。

ドラマでは、あさと女中うめとの温かな関係性も見どころだった。豪商の娘にはおつきの女中がいて世話係となるが、ドラマでも娘時代からうめがもっとも頼れる存在としてあさを支えていた。民上さんは、藍子とうめの関係も似たような感じだったのではないかと想像しながら見ていたそうだ。

あさは、幼少期から木登りをしたり、書物を読みたがったりと、当時のジェンダーロールから外れたキャラクターだ。成長してうめと別れる場面では、あさの好きな相撲をしようとうめが持ちかけ、組み合う。やがて感情が高ぶってきたあさが、なぜ女は家の都合で結婚しなければならないのかと、心にくすぶっていた思いをぶちまけ、大泣きする。あさの「男勝り」な人物像も藍子と重なると感じていた民上さんは、このシーンをその象徴として挙げていた。——「〔藍子も〕なよなよしとったら山師たちにバカにされるから、びゅっとしとったんやろうし。あの朝ドラが始まる前に予告編を初めて見たとき、『あれ、五代藍子が主人公の朝ドラが始まるんかな?』と思ったんです」。民上さんはまた、かつて近代経済の立役者として「東の渋沢栄一、西の五代友厚」という言葉があったように、「五代藍子か広岡浅子か」という印象も抱いている。年齢は浅子が上だったから、藍子が浅子に憧れていたのかもしれないし、会ったことがあってもおかしくはない。

藍子のことを調べていると、父への敬意と憧れ、自分があとを継ぎたいという意志が、鉱山開発という破格の選択につながったと思えてならない。そう言うと、出口さんが興味深い藍子の遺品を見せてくれた。戦時中に発行された雑誌で、中の広告に友厚が描かれている。友厚は一八八五年には死去しているので、久しぶりに父の姿を見つけて、うれしくなって大切に保存しておいたものではないかということだった。

五代友厚と広岡浅子がロールモデル？

民上さんが藍子と並べた浅子は、ジェンダーの枠を飛び越えようとしたという点で、たしかに共通項が目立つ。そして、浅子の足どりに重なるようにして大きな存在感を見せるのが、友厚の動きだ。

浅子は大坂の豪商・加島屋の広岡信五郎と結婚すると、加島屋を立て直し、やがて大同生命に発展させる。いっぽう友厚は活気を失いかけたかつての「天下の台所」を近代商業都市に進展させる基礎を築いた。

幕末維新期、政治の混乱や戊辰戦争などに翻弄された大坂は、その間に多くの商家が——とくに江戸時代の名だたる両替商が、相次いで姿を消していく。それまで関西で商取引の基準であった銀目が廃止されたことで商人たちが一斉に新貨幣への両替を求めて押しかけ、いまでいう取りつけ騒ぎが起きた。結局、大名に巨額を貸していた両替商は貸付金を回収できないまま、幕府が瓦解して証文は紙きれ同然になってしまったのだ。

そんななかで生き残ったのが、浅子の生家である三井、のちに友厚の事業を助ける住友だった。越後屋呉服店を営んでいた三井は、生糸や絹織物の輸出によって、銅山を持っていた住友は、のちの鉱山開発で息を吹き返す。いっぽう、加島屋は両替商だったから、その屋台骨を立て直した浅子の手腕がうかがえる。浅子は、諸藩の蔵屋敷に出向いては、武士道や物事の道理を持ち出して返済を迫り、同時に独学で経理を学んでいった。やがて鉄道敷設の計画を耳にすると、石炭事業に商機をみて石炭の輸出を開始。周囲の制止を振り切って、結婚持参金や嫁入り道具などを処分して資金調達し、八〇万坪もの鉱区を買い占めた。

やがて浅子は女子教育に力を入れるようになり、日本女子大学校（現・日本女子大学）の設立発起人となる。第一期入学生に向けた言葉「余と本校との関係を述べて生徒諸子に告ぐ」は、自らの経験から導き出した女子教育への熱意にあふれている。たとえば、少女時代の回想。一三歳の頃から女子のたしなみとして琴や三味線、習字、裁縫などを習わせられたが、「随分《ずいぶん》なおてんば」だったから、そうした稽古はすべて嫌だった。むしろ、兄弟たちが読む書物に興味を持ち、『大学』『論語』などを借りて読んでいたら、両親や親戚から「男のすることを真似てはいけ」ないといった小言が絶えなかった。それから浅子は、なぜ女が男のすることをしてはいけないのか考えこんだがわからず、こう思い至る——「否、女子は男子に比べてさほど劣らない」。男女に能力や度胸の違いはなく、両親らの小言は理不尽だと気づいたのだ。結婚してからは「種々の境遇」に遭ったことで女子教育の必要を確信、「女子のつまらない国は衰えます」とも断じた。

いっぽう、友厚は明治政府の富国政策の功労者となる。幕末、浅子の実家の三井家は薩摩藩と接近し、時勢をにらみながら「得意先」の幕府を見限っていく。幕末も押し詰まった一八六七年、薩摩藩家老の小松帯刀《こまつたてわき》が西郷吉之助をともなって京都の三井総領家を訪問。倒幕資金調達の相談だったともいわれ、同年には徳川慶喜が大政奉還し、王政復古の大号令が出された。

新政府が三井などの豪商に資金調達を命じ、のちの大蔵省である金穀出納所の設立をしたのはその直後のことだ。三井は率先して一〇〇〇両を納め、公然と新政府支持の姿勢を見せていった。こうしたなかで経済面を担ったのが友厚だった。

「友厚」と名乗ったのは一八七二年頃からで、それまではその才を愛した藩主・島津斉彬の命名で「才助」と称していた。諸藩きっての開明派であった斉彬は、集成館事業といわれる日本初の近代的工業事業を展開。友厚が政治より海外や貿易に目を向けていったのは、こうした事業や、西洋思想に詳しい父の影響もあったようだ。自身も藩内に造船所や銃製造所の建設、鉱山開発や製鉄業を興すことを構想するようになる。やがて、大阪の実業界で活躍するようになると、鉱山開発を主要な事業とした。友厚と改名した頃には早くも全国の鉱山の管理事務所として弘成館を設立、本格的に開発に着手する。なかでも、福島の半田銀山は、近代的精錬技術を取り入れて経営的にも成功した。後年、藍子は半田銀山を目の当たりにし、運営にあたる義兄の蔵書から、鉱山の専門書を読み漁るようになる。

友厚は続いて製藍業に傾倒した。江戸時代から、藍染めにつかう藍玉は徳島が最大の産地だったが、幕末期に状況が一変する。株仲間が解散したことで藍玉が粗製乱造されるようになり、同時に良質で安価なインド藍（インディゴ）の輸入が増え、国産藍が打撃を受けたのだ。

インド藍の世界シェアに目をつけた友厚は、輸出を見込んで藍の製造事業を展開することにし、一八七六年、大阪府北区堂島（現在の堂島三丁目）に拠点として朝陽館を設立した。そしてこの年、藍子が生まれる。藍子のすぐ上の兄が早世したので、友厚は製藍業に対する願かけに、「出藍の誉」から藍子と名づけたといわれる。「出藍の誉」とは、青い染料は原料の藍より濃い青色になることから、弟子が師よりすぐれていくという意味だ。結局、友厚の製藍業は失敗するが、藍子はこうした父の願いに強い感情を寄せ、自ら期待を背負うようになったのだろう。

四二歳で「父の山」を買う

友厚と妻・豊子との間には子どもが生まれなかったので、妾である宮地勝子との子を、夫妻の子として入籍した。長女の武子、そして次女として生まれた藍子である。ほかの妾との間に生まれた子どもたちも、同様に入籍していった。

藍子が九歳を迎える頃、友厚が四九歳で死去した。友厚のもとで働いていた九里龍作が武子と結婚し、五代家を継いで福島の半田銀山など友厚の事業を引き継いだ。やがてふたりの間に生まれた信厚が五代家を継ぎ、のちに藍子の資金援助もするようになる。

義母の豊子と折り合いが悪かった藍子は、父の死を機に福島にいる龍作と武子夫妻のもとに身を寄せることにした。生母の勝子も、「武子と一緒なら」と安心して送り出した。一六歳になると単身上京し、女子仏学校で八年フランス語を学んだ。

その後の足どりははっきりしないことが多い。武子が四三歳で死去してからしばらくして、四〇代初め頃、藍子は、三重県の治田鉱山で父の遺志を継ぐ思いで採掘を決意した。以後、一九六五年に死去するまで、かつて暮らした大阪と東京に戻ることはなかった。

治田鉱山は友厚が明治期に買った山だが、のちに滋賀県の実業家・小林吟右衛門が買い、それを藍子が買い戻した。あまりに鉱区が広いために鉱夫たちのストライキが絶えず、そのままになっていたともいわれ、規模の大きさがうかがえる。藍子の貸借契約書によれば、「借り賃として年間四五円を治田村へ支払い、三年後の大正一一年からは年六〇円」という条件だった。そのほか、飯場や小屋にも場所代がかかる。成果が出て収益が出たら、その一〇〇分の二を上納金として村へ納付し、必要な人員はなるべく村人から採用するという取り決めになっていた。

パートナーでもある愛犬を連れて、藍子の山通いが始まった。家で待つ間、うめは近所の人たちと少しずつ交流するようになるが、藍子は鉱夫以外の村人と付き合うことはあまりなかったようだ。のちの「大通洞坑」を開くために坑道を掘り、橋を架け、情熱を注ぎ込むこと四〇年。「かつて幕府のお手山だったのだから、鉱山の上部は荒らされていても、下部にはきっと大きな鉱脈がある」——そう言って藍子は山に入るのをやめなかった。だが結局、成果の出ないまま資金不足に悩まされ、鉱夫たちも姿を消していった。

藍子は家事や近所づきあいをうめに任せていたので、藍子のことをよく知らない村人は「偉い人の妾の子らしい」などと、さまざまに噂することもあった。村で語り伝えられたふたりは、藍子が容姿から「男おんな」「両性人」、うめは「美しく品がある」などといわれた。藍子と話したことのある人が伝えたところによると、「いつも男のような作業着姿で、なよなよしたところがない人だった」。こうした表現からは、時代の限界もありうまく言語化できていないものの、藍子がジェンダー規範から著しくそれていたことはうかがえる。また「お父さんが女性にもてる人で母が苦労したから、結婚はしない」とも言っていたようだ。結婚しないことについてもしばしば詮索されたのだろう。

治田鉱山の「ゴールドラッシュ」

治田鉱山は、藍子が「かつて幕府のお手山だったのだから」と鉱脈の存在を信じるほど、歴史的背景を持つ山だった。

『治田村誌』によれば、一六〇一年、治田郷の七か村が天領（幕府直轄地）となった。前年の関ヶ原の戦いで天下を取った徳川家康は、三年後に幕府を開く。治田郷が天領となった折、初代桑名藩藩主として転封となったのが本多忠勝だ。忠勝は生涯を通じて家康の忠臣であり、桑名藩へ移ったのも関ヶ原での武功による。ただ治田郷のみは領内唯一の天領として特殊な位置を占め、独自の歴史を刻んでいく。それからおよそ一四年後、家康の孫娘で、夫を亡くした千姫が、本多忠刻（二代藩主・本多忠政の子）と再婚することになった。この折に治田郷は一時的に桑名領となり、治田鉱山が千姫の化粧料（結婚持参金）となったという伝説がある。あくまで伝承だが、それだけの価値があるという信頼が治田鉱山にはあったのだろう。

戦国の世、武力と同じくらいモノを言ったのが金だ。織田信長にも早くから金貨を流通させる構想があり、上杉謙信を通じて佐渡の金を取り寄せていたとか、武田信玄も甲州に金を備えていたなどといわれ、金貨制度の先駆けのような状況があった。日本列島でもっとも金銀の産出が多かったのは、戦国末期から江戸初期にかけてであり、その頃に治田郷も天領となっている。

桑名領となった治田郷は一〇年ほどして再び天領に戻った。江戸時代初期には銀が採掘されて集落が増え、遊郭もできた。その頃に築かれた新町村は、新町神社などにその名を残している。

治田鉱山は、新町から青川を上流に八㎞ほど上った日岡という場所にそびえ、一二条もの鉱脈が西北から南東に向かって走っていたとされる。銀山の役所が新町村にできると、幕府から銀山奉行が派遣されてきて駐在した。当初は村人に採掘のノウハウがないため、摂津国多田銀銅山などから鉱夫が一挙に移住、今も新町に残る甘露寺なども建立されて隆盛をきわめた。前述したように、甘露寺の梵鐘には治田鉱山の銅が使われているとされるが、この頃に作られたものだという。鉱山近くの茨川村には、伊勢、近江に通じる峠道が通り、武士や鉱夫、旅人、商人などが行き交い、茶屋も増えた。

江戸中期以降にはいわば民営となり、上方《かみがた》から商人が採掘に訪れるようになった。彼らから運上金を受け取った惣百姓が年に銀五枚を治田郷に上納することで、治田郷が山の管理を請け負うことになったのだ。

上方からの商人が多かったのは、金銀の売買地が大坂に定められたためである。商人は治田鉱山で精錬したのち、大坂に輸送して売ることになっていた。たとえば、大坂の住友吉左衛門は銅座役人（銅座はのち江戸・長崎に出張所を置く）を務めていたが、幕末の安政五（一八五八）年にも住友家筋の彦助という者が、調査のため治田郷に来ている。彦助は銀山二四ヵ所、銅山五〇ヵ所も調査し、坑口の糺吹《ただしふき》も行った。彦助は、「鏈筋《ひすじ》は多く、製錬するか製錬前の銅を買収して運上金を徴収すれば利益が上げられるだろう」といったことを報告している。友厚は鉱山開発において住友と関係するから、この記録を知っていた可能性もある。江戸中期以降は全体として採掘量は減り続け、経営難によって数年で手を引く者もいたが、江戸後期から幕末期にこうした調査はたびたび行われた。

このように、治田鉱山は戦国期からさかえ、天領としての威光を背景にした土地として歴史を刻んできた。なお、友厚が成功させ、藍子が見た福島の半田銀山も江戸時代には幕府が接収し、佐渡の金山奉行の管轄下にあったことも、藍子にとって重要だったのかもしれない。治田鉱山の場合はさらに、大坂商人が訪れて商都の発展に関わり、明治以降はその近代化の立役者である父・友厚が買い取ったという事実が、誇りと信頼として藍子の心を占めていたのではないか。さらに大きかったと思われるのが、「父の偉業を継ぐのは自分である」という意志だ。そのことを、史実の藍子から探ってみたい。

「古い主従の型の名残りに」生きる

『五代友厚秘史』には、編集に携わった山中園子が藍子を訪ねたときの記録や、藍子、うめの写真、そして藍子が提供した友厚に関する資料が掲載されている。園子は、治田鉱山を所有していた小林吟右衛門の孫である。

藍子の写真は、一〇代のものと晩年と、数点が掲載されている。一〇代の頃は、見た者を射抜くような眼差しをしていて、当時の若い女性の写真としてはやや特異な印象を受ける。晩年の写真にはキャプションに「婦人鉱山師。本書の五代書簡提供者」、園子宛ての一九五九年の手紙の写真には、「選挙当日はリヤカーで投票に行く女史であ

左が姉の武子、右が藍子（『五代友厚秘史』より）

る」と書かれている。

園子は幼い頃、よく母から寝物語で友厚のことを聞いていたので、会う前から藍子に親しみと敬意を募らせていた。ようやく訪れたのは、藍子が年老いてからのことだ。そのとき、藍子とうめが暮らす家には白い犬が二匹いた。晩年にいたハチと、最後に家族となったシロだろう。園子は二匹を「土佐犬」と書いているが、紀州犬の誤りのようだ。二匹は吠えず、愛想よく園子を見上げていた。迎え入れた藍子はこう描写される。——「老婦人が出て来られました。よく見ると木綿の着物に、草履ばきで頭は銀髪のショートカット」「凜としたそのお顔立ちは、さすがに血統を想わせる」「少女のような優しいお声に、これまたびっくりさせられました」。

話が盛り上がり、誘われるままに一泊した園子は、夜ふけまで話しこんだ。藍子はときおりフランス語交じりで語り、話上手だった。訥々《とつとつ》とした語り口で歴史の話などを始めるのだが、熱が入ってくると「憑かれたように、早口になり、相手を釣り込んでしまう才能(タレント)がある」。かつての友厚が関ヶ原合戦などの軍談を得意として「才助どんの講釈」と愛されたのを思わせる、とも園子は感じた。欄間には島津斉彬、久光の写真が掲げてあるが友厚の写真はなく、園子はそれを藍子の謙虚な人柄ゆえだと評している。

うめのことも親しげに書いている。

またいつも傍に坐って、眠むそうな眼をしばたたきながら聞入っていられる〝梅〟という名の老女中がいられるのですが、或時彼女の美しい顔立を見つめながら、こうたずねてみました。「お梅さんは、一体いつ頃から五代さんに来られたのですか」「そうですなァ、兄が日露の時に出征した頃からでございますよ、ご主人が〝日の出〟になられたら、おひまを貰おうと思っているうちに、とうとう今日になってしまいました。」と云いながら無雑作に顔の汗を拭きとられる。数へて見れば五十五年の歳月、無報酬のまま老嬢に仕えて来られた、忠実なお梅さんも今年は喜の寿を迎へられ、おめでたいとはいえ、その永い人生航路は、主人一途に独身を通されたのであります。

「日の出」とは藍子の結婚を指すのだろうか。園子はまた、藍子がそれまで「百万円相当」の金を山につぎ込みながらも、客が来るともてなすために「お梅さんのまごころで」、着物などを売っては金に換えていたことにも言及し、そのことを「古い主従の型の名残りに生き、美しい人間模様をえがきつつ、よりそつて来られたお二人」と述べている。

「犬ころ」とうめが心の支えに

うめは、瀬戸内海に面した山口県の室積に生まれた。『五代友厚秘史』の第三版には、ハチをなでながら微笑むうめの写真が掲載され、キャプションには「刀自の愛犬ハチ公と徳本うめ氏光市室積の出生で16才より78才の今日まで終生刀自に仕えた稀な人物。」とある。前述の園子の記述（一九六〇年版）には喜寿、七七歳とあるが、写真が掲載された一九六四年版当時で七八歳だとすると、年齢が合わない。キャプション執筆時と三版印刷時でずれがあったのだろうが、いずれにせよ、うめは藍子より一〇歳前後年下だったと思われる。

園子は次のように藍子の生い立ちも記している。おそらく藍子から聞いた話をもとにしたのだろう。

藍子は物心がつく頃にはとても活発で、大阪の愛日小学校でも名うてのいたずらっ子だった。大人が手をつけられないほどだったので、良妻賢母型の継母・豊子からは変わり者扱いをされてそりが合わなくなり、意地を張って押し入れの中で食事をとることも多々あったという。「家庭の平和」を味わうことが少なかったから、「家庭のうるわしさ、楽しさが分らずに」

子どもの頃を過ごした。この「家庭」に対する分析は、園子の分析か藍子の言葉を引いたものかははっきりしない。

友厚の死後、豊子の勢力が増していよいよ家に居づらくなったので、藍子は生母の勝子に別れを告げて姉の武子・龍作夫妻がいる福島へと向かったのは前述した通りだ。女学校では龍作の支援でフランス語を八年間学んだというから、龍作は難しい本を読む藍子を見込んだのかもしれない。抜群の成績を修めて学校を終えると、藍子は二四歳になっていた。

二〇代で聖書にも親しんでいた藍子はキリスト教の考えに共鳴し、日本を国際的に見つめることも意識するようになる。やがて、友厚が関与した一四〇もの鉱山のうち、鴨緑江近くの山を採掘して国土資源開発に役立てようと、実地調査に赴いた。だが、まもなく五代家の「お家騒動」が持ち上がったとの知らせを受け、慌てて帰国する。帰ってみると家の騒動というのは嘘で、藍子を待ち受けていたのは縁談だった。当時の感覚では、すでに結婚していてもおかしくない年ごろの藍子が父親の、それも鉱山の仕事に関わるなど言語道断だという家族の判断だったのだろう。だが藍子は、自分が五代の名を守るとして、その後も縁談を断り続けた。当時すでに、断髪に絣の着物、男物の下駄を履いて「男装」していた藍子の意志は、この一連の動きとも関連するのかもしれない。ちなみに園子の記述では、後年のいでたちは「凡そ姫を思わせる顔立とは打って変った、いわゆる男装の麗人」。かつて「男装」していた人は、長く「男装の麗人」という唯一のフレームにまとめられてしまい、その人のアイデンティティやさまざまなあゆみなどといった複雑さに注意が払われずにきたことは、心にとめておきたい。

藍子の強烈な個性を感じとれる描写もあった。伊勢の菰野町にある蝮谷《まむしだに》に大阪の蝮商人が捕獲のためにやって来ているという話題になり、園子がその谷がとても鬱蒼としているらしいと話すと、藍子の瞳が「キラリと妖しげに」光り、翌日にでも行きたいと鋭く反応した。その藍子の目つきを見た園子は「蝮の眼のように〝へ〟の字型になつて思わずぞっとした」。このとき園子が連れて来ていた幼い息子は「腕白盛り」だったが、「鉱山の妖精やどる女史の妖しい正体に触れてからは、子供心にも畏敬の念で一杯」になったそうだ。もっとも、普段のはとてもやさしいので、息子は「五代さん五代さん」とよくなつくようになった。

またあるとき、園子が「五代さんの恋人ってどなたでしようね」と聞くともなしに聞くと、横にいたうめが「そりゃ、犬ころですよ」とサラリと答えた。この話に園子は、「恋という言葉をきいただけでも顔を赤らめ羞ろう老嬢である」と付け加える。なお普段、園子は藍子の「〝豪放不羈〟の気魄にど肝を抜かれて」もいた。

「犬ころ」が藍子にとって重要なパートナーだったことは、後述するように藍子の最期からもうかがえる。おそらく藍子にとって犬はそばにいるのが当たり前の空気のような存在だったから、うめはサラリと言及したが、そもそも藍子は性愛に関心がなく、生活を支え潤してくれる犬とうめとの暮らしだけを求めていた可能性もある。

「生涯の伴侶だったこの鉱山」

ときどき語られる、友厚臨終時のエピソードも園子は藍子から聞いていた。ベルツ医師がかたわらで診ているると、友厚が「わしの家業を受け継ぐ者は〝藍〟のような気がする」と言ったという話だ。藍子はこれをベルツから直接聞いたので、鉱山業への情熱がさらに増したというのだ。そして園子には、「有能な人、また意気に感ずる人があれば、わたくしは喜んで、生涯の伴侶だったこの鉱山について、相談に乗りましょう」と事業を継承させる意志も伝えた。園子の記述通りだとすると、藍子は友厚の「遺志」を知ってしまったがために治田鉱山の大仕事を「生涯の伴侶」とした面もあったということだろうか。ただ、「生涯の伴侶」という強い言葉からは、鉱山にかける藍子の意志と、人生観が伝わってくる。あるいは、友厚と藍子の間でしかわからないような――「出藍の誉」を認め合うような体験や自覚が、あったのかもしれない。

藍子はまた、西洋人のように自らの才能に応じて人生をあゆむことを指針とすべきだと、口癖のように言っていた。そして、自身があまり人前に出ない理由を「先代の恥です」としつつ、父の遺志を継ぎ鉱山で当てるために、結婚しない道を選んだのだと明かした。才能を自覚しつつ遺志を継ごうとして鉱山業を始めたものの、「成功」していないことと結婚をしていない自分が表立っては、五代（＝父）の名を汚すと考えたということなのかもしれない。そしてそんなあり方を、「昔の武士」に重ねたりもした。

園子が記したこのような藍子の個性からは、周囲から無遠慮に聞かれる「恋愛や結婚」話にはなじめなかった、あるいは受け付けられなかったことがうかがえるのである。

「忠」と「孝」のはざまで生きる

藍子と同世代の保井《やすい》コノは、日本人女性として初めて理学で博士号を取得した。のち、東京女子高等師範学校やお茶の水女子大学の教授を経て、同校の名誉教授となった。戦前は学校制度上、女子が高等教育を受ける機会はほぼなく、現在の中学校と同等の教育を行う高等女学校が女子の実質的な最終教育機関だった。コノが通った高等師範学校に行けたのはごくひとにぎりの女性だ。当時、女性で高等教育を受けるためには、コノがそうであったように、経済的にめぐまれつつ、父親の理解が必要だった。そして結婚すれば夫の反対に遭うから、実質、学ぶ生活も娘時代までとなる。家制度のもと、妻は法的に「無能力者」とされていたから、財産は夫に管理され、働くにも夫の許可が必要だった。コノもまた、「研究するなら結婚はするな」と、人生に関わる重大な選択肢を国家に奪われたうえで研究生活を送り、支えてくれる妹とふたりで暮らした。

コノは幸い師にも恵まれた。女子高等師範学校研究科を終えると、あまりに優秀なため研究を続けることを師から勧められ、同校の助教授に採用されたのだ。やがて論文がイギリスの学術誌に掲載され、師が米独留学を推薦する申請書を文部省に提出する。ところが、文部省からは「女性が科学において研究成果を出せるとは思えない」と却下されてしまう。しばらくしてまた別の教授の尽力で申請が通った。今度は認められたが、「家事研究」もせよという条件つきで、「結婚はせずに生涯研究せよ」という暗黙の制限も加わった。

コノの話からも、鉱山開発というきわめて男性的な事業を選んだ藍子の生き方がいかに特異だったか、改めてわかる。また、それなりの教育も受けられ、「(名家である)五代家のためなのだ」といえる立場にもいた。こういった立場は広岡浅子とも共通するもので、前近代的な「家」意識を保ちつつ生きたがゆえの立場だったといえる。

江戸時代の家族は、夫婦が家名・家業・家産を単位とする「家」を形成し、男系男子が継承するのが原則だった。「家」の維持こそが目的なので、夫が側室や妾をもつことや、夫婦間の出産が望めない場合に養子を取ることも珍しくなかった。浅子のように、家産や家業を女性がこなし、行事や婚姻の世話など家の運営に関与することもままあることだった。浅子の先進性は、ある程度「家」の仕組みに依《よ》っていたということだ。明治以降の女性は、親子や夫婦間の忠孝を説く教育勅語、女学校の良妻賢母教育などを通した規範によって、ひたすら抑圧されていた印象が強い。だが浅子と藍子の場合、表面上は女子教育に対してある程度の望みを満たすことができていたともいえるし、前近代的「家」のある種の恩恵のなかでも生きていた。藍子とうめもまた、武家であった五代家の規範――「孝」より「忠」が優先された前近代的価値観のなかに生きていたように見える。そして藍子は両時代の「いいとこどり」的な立場にもいた。前近代が身分制を軸にして性別や職業、居住地などを差別化して社会の秩序を保ったのに比べると、「前近代寄りの近代」が藍子とうめの生活圏であり、その考えを方向づけたのだろう。「侍女」のうめが戦後も「主人」と呼んだ藍子とのふたりだけの暮らしは、前近代的な習慣のもとに始まり、藍子は結婚せず――つまり近代の掟に逆らうという特殊なものだった。

「家」とはこうも解体しづらく、人の生を、意識を、縛るものだった。それは、家制度が解体された現代にも、戸籍や結婚制度などを通じて慣習として残ってしまい、そこで抑圧される人がいるのと似ている。

一〇代で商家の奉公人となったうめの生家は、おそらく農家や貧しい商家などの庶民層で、奉公に出た理由は「親孝行」だったはずだ。親と「主人」藍子への忠孝を守るため、戦後ようやく日本の女性に人権が認められ自由な世になっても、それまでと変わらず生き通した。それに対する園子の「評価」も、まさに前近代の人が抱く親孝行者へのそれと同じだった。親孝行こそが庶民道徳であり、殊勝なことだったからだ。ふたりのこうした生き方は、現代からみれば「不自由でかわい

晩年の藍子（左）と
うめ、最後の犬ハチ（右）
（『五代友厚秘史』第３版より）

そう」となるだろうか？　私はそうは断言できない。一〇〇年前もいまも、多くの人がその時代の制度慣習の範囲内で生きているし、コノや浅子、藍子のような特殊性、先進性にも限界があったからだ。

地域の語りが伝えるふたりの姿

民上さんは、賀毛神社で行っている歴史学習会で、記憶を頼りに描いた藍子の姿を発表している。くるぶしあたりまでの長さのロングドレスのような洋服に靴を履き、リードでつないだ犬を連れている姿だ。民上さんは子どもの頃にその姿を見て、「偉いさんは違うな」と思った記憶があるという。民上さんの父が「五代さんの娘」とよく話していたからだった。

藍子が死去した一九六五年四月、民上さんは高校一年生になったばかりだった。小学校、中学校までは、藍子の家の近くで姿を見かけることがあり、必ず犬を連れていたので、「やさしい方なんやな」と思っていたそうだ。

最後の犬ハチの写真も、民上さんと出口さんが見せてくれた。藍子が、入浴時に倒れて入院しているときにハチに会いたがったので、向いに住む筒井みつえさんが犬を病院まで連れていって会わせた。ハチに会えた藍子は喜び、ポケットから小銭を取り出してエサ代にと筒井さんに渡そうとしたが、筒井さんは「責任を持って面倒を見るから」と金銭は固辞した。藍子は安堵し、のちに絣の着物をお礼に渡した。

藍子が倒れたという風呂は、五右衛門風呂のような形だったといわれる。そこで倒れ、うめが慌てて隣家の鈴木春樹さんに助けを求めに行き、病院に運び込んだのだ。藍子はそのまま病院で死去する。ちょうどエネルギー革命の時代を迎え、鉱山は過去の遺物となり、藍子の壮大な夢は破れた。それからほどなくしてうめも世を去り、ハチは筒井さんに引き取られた。

老人会で民上さんが講演をした際、藍子とうめに会ったことがある人が、学校の帰りにふたりの家に遊びに寄るとかんざしや口紅をくれたと話したそうだ。かんざしや口紅は藍子のものだろうかと私が質問すると、民上さんは首をひねり、藍子のものだろうが使わないからくれたのではないかと推測した。藍子はいつもガニ股で歩き、「男みたいな人」だったと伝わる。地域の人もみな、誰が見ても男という感じだったと振り返っていた。

治田鉱山の麓村で四〇年を過ごしたふたりの墓は、いなべ市にはない。葬式は自治会が麓村で済ませ、一時的に安行寺に墓を建てたものの、藍子の墓は阿倍野墓地に移され、いまは東京・青山霊園に眠る。うめの墓がどこにあるのかはわかっていない。なお、のちに藍子の遺品が葬式をした廟所で発見され、一部の家具などを地域で分けたのち、書簡類や書籍は南部総合事務所で目録とともに保管された。資料などは出口さんも一部を解読した。たとえば、甥の五代信厚から届いた最後の手紙は、鉱山開発に見切りをつけるよう提言する内容で、「鉱山税に六万円もかかるのでは続けていけないだろう」といったことが書かれている。

南部総合事務所で藍子の残した書簡類を見せてもらった。なかには、紀州犬を紹介する新聞記事の切り抜きもあり、よほど犬を愛しただろうことがうかがえた。フランス語や英語の鉱山専門書もあり、素人には理解できない本ばかりだ。

地元の人たちの語りからは、藍子とうめの暮らしぶりを静かに受け止め、ときに敬意を寄せ、当時のふたりの生活を尊重しているいまの地域の様子がうかがえた。

古風な上下関係に見る理想の生

このように、藍子とうめの暮らしぶりは地元でもさほど詳しく知られてきたわけではなく、人々はつかず離れず、一定の距離を保ちながら語り継いできたのだった。うめについてはっきりしている事実は、藍子の「侍女」「女中」として六〇年ほど仕えたことだけ。山中園子の記述からは、家でいつも藍子のそばに控える穏やかな人という印象を受ける。日々の家事や買い物、近所づきあいなどを担ったのは、主人が鉱山業に専念できるようにという一心からだったのだろう。

戦後、うめは「ありえたかもしれない自由な半生」に思いをめぐらせたことはあったのだろうか。晩年には、藍子もうめを助けて畑を耕し、身を寄せ合いながら自給自足生活を送った。残された資料には、役所から届いた税の督促書類とともに、野菜を送ってもらったお礼の手紙が目についた。藍子の手が加わって、ふたりで食べるには多すぎるほどの野菜が実ったのだろう。

戦後しばらくは、戦前の名残もあり、比較的裕福な家には女中がいて、その家の子の教育係となることもあった。親でもきょうだいでも親戚でもない、上下関係を行き来するような前近代的な関係性が、そこには残っていた。「主従関係」の共通言語、暮らしのリズムを介して、互いに踏み込みすぎない領域で、温かく支えてもらう関係だ。年は逆だが、藍子とうめの関係性もどこか似ている。

上下関係の結びつきは、いまの社会にも多様にある。濃厚で、かつ一定の距離感も求められる関係性だ。両者は、互いの生活や健康、そして相手がもっとも大事にしているものについて気遣う。そうやって、心の大事な部分が守られ、ときに互いのよさを引き出す。その関係性の温かさを「家族」のようだと例えることもあるが、むしろ仕事など相手の背景に対する一定の敬意が、見えない線を引いているのが重要だ。そこで大事なものが守られるからだ。逆に、選ぶことができない家族というフレームから逃れられずに尊厳が守られないことだってある。

繰り返すが、戦前の家制度は制度上なくなったとはいえ、慣習として影を落としている。どの時代にも——おそらく一〇〇年後にも、人の自由なあり方を縛るシステムはどこかに残り続けるだろう。しかし、すべての人間は別々の個性を持ち、それぞれの生をあゆむのだから、今も昔も、抑圧的な制度のもとでかけがえのない関係性を求め、築き、息を吹き返しながら生きた人はいる。そんな人たちを見ていると、自己責任論に苦しめられる個人の居場所のなさにこそ、生きづらさがあるのかもしれないとも思う。よくも悪くも、生身で人とつながらずに人は生きられないからだ。

人間の一対一の関係は、友人や恋人、夫婦だけでなく、本来もっと豊かで千差万別のはずだ。そこでこの上なく親密な感情がうまれた暮らしは、私たちが想像する以上にあったのではないか。一定の距離のもと、認め合い、あるいは支え合って生きる暮らしもまた、人を解放してくれるのかもしれない。

相変わらず結婚を急き立ててくるこの社会で、結婚や恋愛のない関係も選べることこそ、苦しい現実を生きていくうえでますます大事になっていくだろう。人と関係を結んで幸福を感じる瞬間はいくらでもある。そして、恋愛や結婚があろうとなかろうと、人が傷つき、関係が壊れやすいのは当たり前のことだ。人がかけがえのない存在と出会い、支え合って暮らすのは、じつはとても難しい。だからこそ尊いことなのだ。

第４章

語り継がれるふたり暮らし

――斎藤すみと〝芳江〟

下半身が瓦礫に埋まり、身動きが取れなくなっていた。たてがみから首筋にかけてこびりついた黒い血は時間の経過を思わせた。まわりには、このロバを救い出そうとする人々の姿が見えた。またある日には、同じように下半身が瓦礫に埋まり、前足を踏ん張ってもがく子猫の姿が目に飛び込んできた。やはり誰かが瓦礫をどけて助け出そうとしている。——二〇二三年一〇月以降、SNS上で映像などを目にするようになったガザの惨状の、ほんのひとコマだ。

パレスチナではロバや馬が、農作業や交通など生活の相棒として日常風景に溶け込んでいたということは、のちに知った。空爆の雨のなかでも食料を運び、あるいは自分の命を差し出して人間を飢えから救った馬がいたということも。

虐殺は続いている。そこで冒瀆されているのは人間だけではない。動物も、川も、オリーブの木も、学校も、病院も、人々が愛した風景も記憶も、踏みつぶされてきた。政府や一部企業、防衛省がそこに加担している日本にとって、決して「遠い国の関係のないできごと」ではない。かつて、現代と変わらぬ帝国の論理をふりかざして植民地権力をふるい、あらゆるものの命を奪い、連綿と続いてきたその地の歴史や文化、風土を踏みにじり、人も動物も虐待していた。ガザのロバや子猫のような状況をつくりだしていた側だ。しかも植民地主義は日本社会で内省されることもないまま根深くなるいっぽうで、国会議員など少なくない公人がレイシズムを再生産している。歴史と地続きの道をあゆんでいるといえるだろう。

ただ、人間以外のすべてに対する暴力にこうして胸を痛め、その背景や歴史を考え、言葉にしたことが私にはあっただろうか？

人間と動物との関係性と、人間が行った侵略や虐殺のつながりまで考えさせてくれたのは、パレスチナの動物や人々だけではない。本書の斎藤すみと〝芳江〟もそうだ。斎藤すみ（斎藤すみ子、斎藤澄子という表記もあるが、ここでは斎藤すみで統一する）は、男装することを条件に「女人禁制」の競馬業界に入って修業を重ね、騎手の免状を取った。だが、結局は女性だからという理由で免許を剝奪され、一度もレースに出られなかった。

すみの最期を看取ったのが〝芳江〟だ。〝芳江〟は仮名だが、そのわけはこの名が使われている斎藤すみの伝記小説『繫がれた夢』を軸にふたりの足跡をたどりながら、著者の吉永みち子さんの言葉を借りて後述する。本書では便宜上、芳江と表記する。

馬の生まれ変わり

斎藤すみは一九一三年、馬の産地として名をはせた岩手県盛岡市（当時は岩手郡厨川村）の農家に生まれた。『遠野物語』にも登場する、居間と土間と厩《うまや》とがL字形でつながった「まがりや」で馬たちと一緒に暮らし、馬丁《ばてぃ》（馬の仲買や馬車をひく仕事についた人の当時の呼び名）の父のもと、物心ついた頃から「馬っこ」を愛した。『繋がれた夢』で「藤村くみ」の名で登場するすみの当時の様子は、次のように描かれる。

くみの馬扱いの上手さは、すっかり村中の評判になっている。どんな狂奔している馬でもくみが一声かけるとおとなしくなる。人を乗せたがらない馬でも、くみが手綱をとるとおとなしく乗せる。そして、とうとうこの頃は、くみは馬の生まれ変わりらしいという噂まで飛び交うようになっていた。（二一～二二頁。以下、頁数は文庫版を参照）

そんな噂を誰よりも喜ぶのがくみだった。気性の荒い馬がくみにかかるとおとなしくなる

――大人たちはそう不思議がるが、くみにしてみれば、気性が荒いのではなく、その馬はほかの馬よりおとなしくて怖がりなのだ。人間が勝手に馬を怖がっているだけだと、くみは見抜いている。

『繋がれた夢』の著者・吉永みち子さんはすみの生家や芳江を訪ねて取材した話をもとに小説を書いており、エピソードの多くが事実にもとづいている。吉永さんが執筆した頃は生前のすみを知る人たちが生きていた。幼い頃の話も、すみの妹スケさんが後年、次のように語っている。――「3歳のころから馬っこさ乗ってたのっす。『乗るよ』って首下げさして、鼻っつらからとってて《ママ》いて、背中のほうさチャッとまわる。5人の男がどうしようもねえような荒くれ馬でも、姉の手にかかるとピタッとおさまるもんで、すみは馬の生まれ変わりだ、『馬がすみかすみが馬か』って言われてたんでがんす。まるで馬っこと話ができるみてえでした」(『コスモポリタン』一九九〇年六月号)。

幼い頃の描写でもうひとつ重大なのが、小説中では七歳のとき(実際は五歳時か)、囲炉裏に落ちて顎から首にかけて大火傷を負い、傷痕となって残ったことだ。くみが首に包帯を巻いていないと他人が気の毒そうに目をそらしたり、「嫁に貰ってくれる人はめっかるから」と慰めたりすることが、くみの心をざわつかせる。勉強などで男の子より秀でていることで「嫁っこの貰い手がなくなっちまう」「女子《おなご》のくせに」と言われるのは、みな「嫁っこ」のせいだと気づいたくみはある日ついに、「お父みたいに馬の仕事して生きてく」と父に訴える。子ども心に信じて疑わなかった結婚というものを、自分の言葉で否定した瞬間だった。さらに、毎朝首にさらしを巻いて傷痕を隠すのは恥ずかしいからではなく、「見当違いの同情をされるのが、却《かえ》ってうっとうしく、その度にそれらしい受け答えをするのが面倒なせい」（二七頁）だとも気づいていた。

自由な馬に憧れる

あるとき、幼い頃から父に聞かされて夢想してきた相の沢牧野に連れて行ってもらったくみは、どこまでも続く青い空と牧草地、そしてじつにさまざまな馬に目を丸くした。

じゃれあいながら立ち上がる二頭の馬、遠くを見つめて佇《たたず》む馬、後ろ脚を跳ね上げながら飛び回る馬、自然の中でのびのびと肢体を動かす馬の姿に、くみは、瞬きも忘れて見惚れた。これまでくみが知っていた繋がれた馬とはまるで違う自由な馬が群れていた。
父に伝えたい思いと感激が言葉にならないまま、くみは父の大きな背中を叩き続けたものだった。（三六頁）

馬の世界を教えてくれた父は十代の前半で他界し、母もしばらくして病気で寝込む。すみは父が死んだ折、「奉公に出るか結婚するか」というお決まりのレールに乗ることを拒み、家長となった兄を説き伏せて知人の馬丁に弟子入りした。

競馬と出会ったのは、そんな折のことだった。仕事で訪れた盛岡の黄金《こがね》競馬場で、駆ける騎手と疾駆する馬を見て、すみの魂は震えた。すみはいてもたってもいられず、伝手を頼って福島競馬場の厩舎で調教師に弟子入りを懇願する。一九二九年、一六歳になっていた。当時の競馬界は「女人禁制」であり、もちろんすんなりとはいかなかった。小説では、調教師の松本がこう告げる。――「競馬場ってのはな、若い娘さんがひとりで出入りできるような場所じゃないんだよ。まして、住み込むとなったらとてもじゃないが無理だ。うちだって若い馬丁も多いし、年配の所帯持ちだって福島の開催にひとりだけで来ているのもいる。まあ、狼の群れの中にうさぎを放すようなもんさ」「あんた一人のために厩舎全体の雰囲気が壊れては困る。かと言って、ひとりだけを特別に扱うわけにもいかん」（七二〜七三頁）。粘るくみに、松本は見た目も言葉も完璧に男になりきるという条件を突きつける。

「女人禁制」――男のための仕事場に入ってくる女は「風紀を乱す」。あるいは、場を「穢《けが》す」。騎手も厩務員も調教師も、馬に関わる仕事をするのはみな男性だったこの時代、例えば女性が厩舎に入ろうものなら「寝藁《ねわら》が穢れる」などといわれた。すみは、胸をさらしできつく巻いてつぶし、髪はオールバック、立ち居振る舞いもしゃべり方も男性のそれを必死でまねした。

のちに厩舎が廃業した折にすみはいったん帰郷した。当時七歳だった姪（姉の娘、笹川うた子さん）がこの時のすみの姿を後年までよく覚えていて、こう語っている。――「髪はオールバック、ハンティングキャップに白い乗馬ズボン。胸にはいつもギリギリさらしを巻いてました。（……）胸の豊かな人でしたから隠すのによっぽど苦労したでしょうね。なんぼかつらかったと思います」（『コスモポリタン』一九九〇年六月号）。後年、免許を剝奪されてからも、いっそう男になりきるために、タバコも吸って、馬の仕事に奮闘した。早い段階から周囲の男性たちはすみが男装していると知っていたといわれるが、それでも「男のふり」をやめず、さらしで締め上げた動きにくい身体で男性も音を上げるような力仕事をこなしていた。弟子入りしてからそうやって歯を食いしばってきたから、あきらめたくないという一心だったのだろう――
すみを知っていた人たちも吉永さんもそう口をそろえる。

世界初の女性騎手に

世話になった調教師が病に倒れたのち、すみは東京競馬場の調教師、谷栄次郎（谷善晴）のもとで修業を再開した。着実に力をつけ、一九三四年、東京競馬倶楽部の騎手試験を受けたが、風紀上問題があるとして不合格となる。小説では、この理由を知ったたくみがのどをふるわせながら、ついにその理不尽さへの怒りを言葉にする。言われた通りに髪も短く刈って、男のなりで五年も努めてきた。これ以上どうしろというのだ。女だから風紀上の問題を起こす、男を惑わすと言われるなんて――理性が保てなくなるほどの怒りと絶望、悲しみを理解できるのは、島田（谷がモデル）の妻・妙子だけだ。妙子は、風紀上の問題とやらを起こすのはいつだって男の方ではないかと、島田を責め立てる。

その後、谷が京都競馬場に厩舎を移すことになり、すみは同行して修業を続行した。京都競馬倶楽部には女性騎手に理解を示す先進的な山形課長がいたからだ。山形の支援もあり、すみは一九三六年、晴れて騎手試験に合格した。免状だけでいえば世界初の女性騎手だった。同年の三月一五日『神戸又新《ゆうしん》日報』ではこう報じている。

競馬黄金時代の浪に乗つて、これは珍しい日本最初の女騎手が現れた――話題の彼女は淀の谷厩舎の齋藤すみ子さんで芳紀正に二十四流石に小軀でポチヤポチヤとした美人型だ、生れは馬の名産地盛岡で、六歳のときから荒馬を乗りこなして、父親をびつくりさせたが年ごろになるとともにいつしか華やかな騎手生活に憧れ、名騎手谷善晴氏について本格的に修業したのち、遂《つひ》にこのほど六十余人の騎手志願の男たちに伍して、文字通り紅一点で受験の結果、見事合格あつぱれ日本唯一の女騎手としてデビユーすることになり、流石に繫駕速歩のみのレースに出場、近く阪神競馬から名乗りをあげる筈である

外国では女騎手ばかりの競馬がある位で、あまり珍らしくはないが絶対に男の騎手とみられてゐた騎手稼業への女性進出は注目に値ひする

同嬢はきのふ淀競馬場で語る

私は名馬の産地盛岡の生れで子供の時から馬が好きでした、競馬の世界に飛び込んだのは十六の時で、四人姉妹中の二女です国で農業するより競馬の方が愉快です、馬は福島でみつちり四年程稽古し充分の自信をもつてをります将来は立派な女騎手になるつもりです

取材が殺到し、小説では山形課長をモデルにした坂本が警戒しながら記者を受け入れる。記者の女性蔑視に満ちた質問がリアルなのは、日本初の女性競馬記者だった吉永さんの経験も活かされているからだという。くみを取材する記者らは、くみにとってはもはや二の次である男装生活について根掘り葉掘り聞いてくる。そして、結婚。これはいまだにスポーツなど多くの業界で女性が取材を受ける際に浴びる「洗礼」だろう。くみがどれだけ馬への愛情や修業について語っても、記者にとってくみは「オンナ」であり、尊重すべき取材対象ではないのだ。想像力のないずれた反応にくみが気落ちしていると、最悪の事態が起こる。東京の大新聞に、くみが「風紀を乱す」さまを描いた風刺漫画が掲載されたのだ。なお、これは実際にもあったことで、すみがウィンクするうしろで男性騎手たちが落馬する様子を描いた風刺漫画が掲載された。

漫画の一件のあと、農林省から「風紀上問題がある」として、すみに出場禁止の達しが出てしまう。さらに翌年、日本競馬会は騎手の規則に「満十九歳以上の男子」と明記し、すみは免許も剝奪された。『時事新報』（一九三六年四月二三日）ではこうある。――「日本最初の輝かしい女騎手として手綱捌きの絶妙さを着目されてゐた岩手県生れ現在淀の谷厩舎内齋藤澄（二四）さんは二月二十九日免許状下附と同時に三月より記念競馬に出場するものと期待されてゐたが惜くも不出場、十九日までの鳴尾競馬にも其姿を見せなかつたのでフアンは不審を抱いて居た処、農林省から横槍が出て出場出来ない事になつたものと判明、二十五日から淀の春期競馬を前にして又新しい話題を投げかけた、此の女騎手の出現が全国に伝はるや農林省は之れに続いて続々と女騎手が出現したら男女騎手間に風紀問題や恋と勝敗とのデリケートな関係などを考慮し競馬倶楽部へ女騎手の不許可が伝達された」。

なぜ夢は繋ぎ止められた？

体を痛めつけて、男性の何倍も苦労をして、実技や筆記でいい結果を出しても排除される。

ではこの先どうやって馬のそばで生きていけばいいのか。すみが芳江に出会ったのは、そんな苦しみを持て余していた折のことだった。小説では次のように描かれる。

芳江は、くみの出張先の新潟競馬場の近くにある食堂で働いていた。素直な芳江とぽつりぽつり話すようになってから、くみの心はほどけていく。芳江もくみを慕い、いつしかふたりで過ごす時間を待ち望むようになり、ある日、くみが逗留する部屋に芳江が遊びにきた。くみは、芳江が興味を示した吉屋信子の本を貸してやり、これがきっかけでさらに親しくなる。なお、現実のすみが女学校をやめ、騎手をめざして一年目の頃、吉屋の「紅雀」という小説が人気を集めていた。主人公は乗馬が得意という設定だが、これは吉屋が当時パリで初めて競馬を見たとき、着飾った客の女性たちにも見惚れたのが着想のきっかけだった。戦後は競馬にはまり、五頭の馬の馬主になるなどして入れ込んでいた。

芳江はくみのことを「藤村さん」と呼び、この時点で男性だと思い込んでいる。その後も、京都へ戻ったくみと文通で仲を深めることになるのだが、京都へ戻る日の別れ際、くみから住所と名前を書いた紙を渡されたとき、初めて名前を知る。芳江は驚きつつも、「藤村さんてすごい人だと思う。やっぱりあこがれちゃう」（二一九頁）ときっぱり告げる。本を読むこと、字を書くこと、自分でも手紙に文章を綴り、じっくり言葉を交わすこと――こうしたことを、芳江はくみと出会って初めて知った。

いっぽう、「男の身なりだがじつは女であるくみと芳江が恋仲」という噂が新潟で広まっていた。島田も知るところとなり、くみは詰問される。島田にもたらされたのは、ふたりを性的に消費するような、あまりに下劣な噂話だった。くみは、そんな風に言われるような間柄ではないと否定しつつも、芳江が心の支えであり大切な存在だということを、うまく説明することができない。そんな話題を振りまくようなこと自体に腹が立つのだという島田を前に、くみは途方に暮れるしかなかった。

それまで女は風紀上の問題を起こすから騎手にはなれないと言われ、騎手をあきらめさせられた。今度は女の芳江と会話や文通をして心を通わせることさえ否定され、猥談と笑いの「ネタ」にされたのだ。ただ生きているだけで侮辱されることのみじめさに、くみはうちのめされる。


馬がいて、芳江がいて、夢のような暮らしだった。（二三九頁）

「藤村さん」ことくみを女性だと知ってからも、芳江がくみを慕う気持ちは深まるばかりだった。くみもまた芳江を大切に思い、一晩をともにして自分の心を改めて信じた。夜、眠るときぐらいは胸のさらしを取ってはどうかという芳江に、くみは馬のそばを離れては生きていけないのだから、これでいいのだと言う。――「これでいいんだ。ずっとこうやってきたんだから」(二四〇頁)。

くみは芳江と一緒に暮らす意思を固めると、島田に打ち明けた。島田は再び激怒し、今度は説得を試みた。免許の補足条項をあげては芳江とのことをなかったことにしようとする島田にくみはうんざりし、言い合いになる。仮に免許がまた下りたとして、そのときに芳江と暮らしていてはなぜだめなのか――そう言い募るくみに、島田はそれも風紀を乱すことだとつっぱねる。くみとしては、男性を惑わせる存在として「風紀を乱す」と散々言われたから、今後は「免許のために生きるんじゃなく、好きな馬と人のために生きようと決心した』(二四三頁)つもりなのだ。それが理解できない島田は思わずくみを平手打ちし、夢を捨てるのかとなじった。くみのいうふたり暮らしについて対話できる言葉を持たない島田にとっては、それが精いっぱいだった。くみは静かに応える。

夢はあります。馬丁や騎手や調教師や競馬会やファンや、馬が好きなみんなが信頼しあえるようになって、女が競馬の公正を乱すんじゃないかと疑ったり、結果を受け入れられずに騒いだり、そんなことに脅えたり、責めたりしなくなる時代がきっと来ると思います。女が男に化けないでも堂々と騎手として認められる日がきて、その時に競馬場を走れるのが俺の夢です。いつか日本の競馬も、そんな時がくるはずだと思っています。夢を捨ててないから、競馬と離れずに働いているんです（二四三〜二四四頁）

騎手になれないことでくみが「堕落」したのだと競馬会の人たちに思われる――そのことが島田には堪えがたいのだとくみは理解した。島田を尊敬するからこそ、くみの胸はいっそう痛む。

しばらくして、くみは芳江と馬と暮らす道を選び、島田のもとを去った。向かったのは、島田の親友が営む中山競馬場の池田厩舎だ。島田の計らいで、近くの農家の離れを住居に用意してもらえたのだ。くみにとって四つ目の、そして最後の競馬場だった。くみはそこでも身を削るようにして働いた。相変わらず男装して、まわりの男性以上に力仕事をした。

馬との未来を抱いたまま

長年、そうして心身をすり減らした無理がたたってか、くみは病に倒れる。病気はかなり進行していた。入院先で寝ずに看病して疲弊した芳江を、ときおりくみが気遣う。芳江の寝息を聞きながら、ふたりで暮らした農家の離れを思い出して眠りにつく夜もあった。

現実のすみも、中山競馬場の加藤朝次郎厩舎で厩務員となったのを最後に、半年近い闘病生活を経て肺壊疽で亡くなっている。一九四二年、二九歳だった。かつての師だった谷は、どんな馬でもいいから一度レースに出させてあげればよかったと、生涯、悔やんだという。病名は肺壊疽だが過労だとも考えられ、第1章でとりあげた人見絹枝の死が思い出される。極端な男社会で性差別による抑圧と闘い、本来は不要な労力を強いられた挙句、命をすり減らしたのだ。

一九九〇年にすみの妹のスケさんや吉永さんらに取材した記事「一度も出走できなかった日本初の女性騎手　斎藤すみの孤独な闘い」は、末尾に厩舎で立つすみの後ろ姿を写した写真を掲載している。ニッカボッカをはいたすみは、掃除中だったのだろうか、ほうきを携えている。キャプションには、「すみさんの死をみとった女性が持っていた写真」とある。

『繋がれた夢』文庫版のあとがきに、吉永さんは執筆の動機を書いている。女性の競馬記者第一号だった吉永さんも、当初は取材先で「女が来た」と嫌な顔をされたり、会社で仕事をさせてもらえず落ち込んだりすることも多かった。そんなときに、競馬雑誌の中に、実らなかった日本最初の女性騎手という記事を見つけ、すみを知って驚いた。吉永さんは記事を切り抜くと、折に触れて読み返しては自分を励ましたそうだ。——「かつて幻の一号がいたことを、彼女の夢がなぜ繋ぎとめられたままで長い年月が過ぎなければならなかったのかをしっかりと見据えることが彼女の無念を晴らすためにも、彼女の無念を繰り返さないためにも必要なのではないだろうか」（二八二〜二八三頁）。また、ありのままのセクシュアリティやジェンダーの表現が抑圧されたことについても触れている。吉永さんが持っていた記事には、すみが新潟競馬場に出張した際に現地の飯場女とドロドロの同性愛に陥り、馬を捨て彼女と姿を消した、といったことも書かれていた。そうした書きぶりが吉永さんの心に重く残った。後年、取材で探し当てた芳江はすみより九歳年下で、すみと知り合ったときは一六歳。芳江は小説に描かれたように、向学心があり利発な人だった。芳江と出会ってからも、すみは馬との未来を捨てなかったと、芳江も同僚たちも口をそろえたそうだ。

繰り返される排除と性差別

吉永さんが読んだすみの記事は、男女二元論、異性愛主義が大前提にあり、侮蔑的なまなざしに満ちた内容だった。

当時はともあれ、敗戦後の競馬業界では、女性騎手たちが侮辱されることはなかったのだろうか。

公式にレースを走った初の女性騎手は高橋クニとされ、夫は厩舎に所属していた。ふたりの娘・優子が、平地競走では初の女性騎手だ。優子は一九六九年にデビューしたが、七四年に急性心不全のため二三歳の若さで死去。その少し前に結婚したことについて、競馬に関する著作の多い鵜飼正英は著書『競馬紳士録』で、「それらは全て、斎藤すみさんがやりたくてもできなかったことであった」「高橋優子さんの人生は、すみさんに欠けていたものをすべて補っていたように思えた」と書いている。

現役時代の優子を八頁にわたり特集した『ジュニア文芸』では、さまざまな男性の職場に女性が進出するようになったとの前置きがあり、そのなかで騎手は「男性の仕事の中でももっとも男っぽさが要求される」とある。記事によると、優子は人に話しかけるのと同じように馬に話しかけて育ち、馬を怖いと思ったことはなかったそうだ。これは記者の質問に答えたものだが、記者は優子のコメントを受けてなぜか「男女交際のあり方と同じ」とまとめている。また、いつまで騎手をするつもりかという、男性には聞かないおなじみの質問に対しては、「おばあちゃんになるまで。（笑い）結婚したって、絶対に続ける。やめろっていう人とは、結婚しないわ」と答えている。それもそのはず、もともと優子は騎手になることを父に猛反対されていたが、戦略的に洋裁学校の退学届けを出してから説得し、父が根負けしたという経緯もあった。そのうえ、女性だからという理由で試験官に騎手試験受験の辞退を勧められるなど、性差別を受けていた。しかも、初めての試験では口頭試問も筆記も実技も誰より一番できたと自負していたのに、六人中で優子だけが不合格だった。父親が試験官を問い詰めたところ、女性だから騎手は無理だと勝手に判断して不合格としたことが判明。結局、翌年にまた試験を受け直して同じ成績なら合格させるという理不尽な取り決めとなり、合格したのだった。

陰湿な性的嫌がらせも絶えなかった。記者も問題視しないばかりか、「当然、いやがらせなどはあるでしょうねぇ」といった調子で質問をぶつけている。「ブラジャーとパンティガードルの上に、まっ白いパンティストッキングふうのものをはいて、その上に騎手服を着る」など、不要な記述も目立った。

優子の一〇年後に免状を取得してデビューしたのが土屋薫だが、メディアの姿勢はさほど進歩していない。「ヤッター！　またまた美人騎手が誕生」と題して、浦和競馬場にデビューを控えた「紅一点」と報じる有様だ。女性騎手に対しては、「男まさり」「赤いくちびる、きらりと光るイヤリングが評判」「男性の中でもまれて、いよいよ美人騎手の誕生」「女性騎手の花ざかりとなるか」など、騎手としての資質に関係がない記述が躍る（『週刊読売』一九七七年一〇月一日号）。なお土屋は八五年に渡米して騎手を続けたが、二〇二三年のインタビューによると、「客寄せパンダ」的な存在とされていたことや、遠征先の金沢競馬場で三人から性的被害を受けたこと、それがきっかけで渡米を決めたとも明かしている。競馬場側は、所属先の大井競馬場へ性的被害を報告しようとした土屋を部屋に閉じ込め、「些細なことで大騒ぎし」たと認めさせるために一晩中説教したり、隠蔽工作をしたりしたあげく、土屋を一ヵ月の騎乗停止処分としていた（『Number Web』二〇二三年三月五日）。

高橋優子のほかにもうひとり現役中に死去した騎手に、大井競馬場所属の松沼緑がいた。騎手になる前はキックボクシングのプロライセンスも取得するなどしていたが、大井競馬場唯一の女性騎手として免許を獲得した翌九三年、東京都品川区の八潮団地内の公園で首を吊って死去しているところを発見された。二一歳だった。告別式の弔辞で所属厩舎の大塚三郎は、「あまりに不本意な死に方」「もし結婚したかったのなら相談してほしかった」と述べている。競馬記者のコメントでは、馬主との確執や先輩との関係から騎乗馬に恵まれず不満を抱えていたことがうかがえる。騎手仲間は、「若い者の間で何かあったのは確かのようです。葬式にもほとんど誰もこなかったし、不自然でしたよ」とし、「セクハラめいたことも」あったとしている。ある女性騎手は、「徒弟制の残る閉鎖社会の中で、女は下だという意識はいまだなくなりません。（……）性差別があって、女はどうしてもそういう対象で見られるし、さらに仕事か結婚かというのを迫られるんですよ」と述べている。競馬学校で一緒だった親友は、いずれ飲食店を一緒に開こうと話していたばかりで、友人やファンが後援会を準備していた矢先だったと明かしている（以上、『サンデー毎日』一九九三年一二月一九日）。また『週刊現代』（一九九三年一二月一八日号）は、死に至る数週間は「拒食症にさえなりかけ」るほど悩んでいたらしいこと、騎乗回数が少ないと不満をもらしていたことなどのほか、大塚調教師の証言も掲載している。

ＪＲＡ（日本中央競馬会）にはじめて女性騎手が誕生したのは、すみが免許を取得してから六〇年後の一九九六年。すみが免許を取った頃と同じく競馬ブームにわいていた。

それから三〇年近く経つが、近年でも女性騎手に対する性的嫌がらせ、性加害は起きている。まず、少し時代をさかのぼった二〇〇七年には名古屋競馬場の女性騎手が元師匠の男性調教師（当時四八歳）から部屋に呼び出されて「全裸指令」を受けるなどしたと訴えを起こしたが、法廷対決前に突然、提訴を取り下げた。当時は男性調教師を性的被害で訴えること自体が衝撃だったため大きく報じられたようだ。メディアはデビュー二年目の彼女を「アイドル騎手」などと書いている。競馬関係者も「セクハラなど日常茶飯事。お尻を触りながら挨拶したりね。この仕事につく女の子もある程度覚悟しているから問題にならなかっただけ」とコメントしている（『リアルライブ』二〇〇七年一〇月二五日）。二一年には、『岐阜新聞』（八月三日）が笠松競馬場（岐阜県羽島郡笠松町）で女性厩務員らに性的加害行為を繰り返したとして、当時六〇歳の男性調教師が県地方競馬組合から調教停止九〇日の処分を受けたと報じている。調教師はその後引退を発表。後日、組合職員ら約一八〇人が、福島学院大学大学院の岸良範教授（当時）からセクハラ防止研修を受けた（『朝日新聞デジタル』同年六月二三日）。二三年には藤田菜七子騎手がインタビューで、アイドル、マスコット的に報じられる風潮が根強いこと、女性が少ないため男性と会話しているだけで噂されるなどの現状を述べている（『THE ANSWER』二〇二三年三月三日）。女性がきわめて少ないため男性と話しているだけで恋愛の噂が立つというと、第2章の飛行士たちと似ている。もっとも飛行士はそれを理由に業界から排除されたから、少しは進歩したといえるのだろうか。

前述の土屋薫がかつての被害を話せたのも、#MeToo以降の状況が関係するかもしれない。自分の経験が性被害だったのだと認識できるようになるまでに数十年を要することはよくあるし、それを聞いてもらえる場や社会の状況がなければ、声をあげることは難しい。声をあげた人に励まされて自分のことを言葉にでき、メディアがそれを報じるという状況が、日本にもようやくできつつあるのだろう。

競馬関係の男性の書き手による視点も振り返っておきたい。寺山修司は、著書『競馬放浪記』で、草創期の女性ジョッキーに悲劇的なものを感じるとして、すみを紹介している。帝国競馬協会の理事長・安田伊左衛門からの「機会を見て乗れるようにするから、いま少しだけ我慢してほしい」というメッセージを前にすみが足踏みさせられたこと、そんな折に赴いた新潟で芳江と出会ったことにも触れている。――「飯場女たちの宿舎に泊めてもらったところ、その女と『出来てしまった』のである」。そして寺山は、騎手として実績のないすみと、流転の日々を送る「心に孤独な飯場女の同性愛は、性的結びつきというよりは、もっと切実ななぐさめあいであったかも知れない」としている。前述の鵜飼正英も、すみを教えた谷調教師にレズビアンだったのかと尋ね、芳江との関係をこうまとめている。――「すみさんの場合はそんな華やかな響きとは違うような気がする。/世の中からはみだした飯場女と、騎手とは名ばかりの生活に耐え続けたすみさんが、夜の草競馬場の一隅でお互いのもっとも冷えきった部分を温めあおうとする光景を思うと、私は、とても淋しく遠い想いにかられてしまうのである。／私が眠りにつこうとする時間に、どこか知らぬ遠い他国の駅の操車場で、凍てついた貨車どうしがいま連結されてつながった響き」。

寺山、鵜飼は、女性同性愛を「異様／憐れむべき／異端」と見て、あたり前に存在するとは考えていなかったのだ。

寺山はすみを、「とうとう一度も馬に乗れずにさびしく死んだ女性騎手」と評しており、女性騎手たちにエールを送りながらも、ある種のロマン化をしていたようにも読めてしまう。

馬もかけがえのないパートナー

すみは芳江との関係性と同じくらい強く、馬に親愛の情を抱いていた。そのことは、すみを調べていてもっとも鮮やかに伝わってきた。うれしいことがあれば馬のもとへ駆けていく。苦しみを言葉にできないときは、馬をなでて心をなだめる。頬を伝う涙を舐めて慰めてもらう。

そんな姿が思い浮かぶのだ。「馬がすみかすみが馬か」というフレーズは調べるほどにしっくり響き、本当に馬なしでは生きられない人だったのだなと感じる。

競馬に関する取材を長く続け、関連著作も多い吉永さんによると、女性騎手は馬に話しかける人が多いが、男性は逆で、不思議なほど話しかけないという。馬には人の声を聞かせるといいと聞いても、なぜか男性はラジオを聞かせてしまう。女性は「元気～？」などと言いながらなでたりしてコミュニケーションをじかにとる。たとえ言葉が通じなくても、そうすることで馬は人になついていくからだ。

また吉永さんによると、馬には人の気持ちの変化に敏感な性質があり、たとえば、乗っている人が緊張していれば緊張する。臆病なのに「軍馬」が成り立つのは、人の役に立とうとする性質が強いからだという。二〇二三年のダービーで、急性心不全を起こしながら必死に走り続けようとしたスキルヴィングの話も教えてくれた。スキルヴィングはゴールしてからも蛇行しながらふらふらと歩き続け、異変を確信した騎手クリストフ・ルメールが降りたとたん、力尽きたように倒れ、命を落とした。ルメールを落として怪我をさせないように、意識朦朧としながらも踏ん張っていたのだ。

本書では非二元論的な生き方とパートナーシップを築いた〈女性〉たちのふたり暮らしを見てきたが、すみの場合、馬との関係性を見つめなおすことが、その人生をたどるうえで重要だろう。改めて、馬の性質も含めて動物とのパートナーシップについて考えてみたい。

数年前、都内で近隣住民がつくった原っぱのような公園を取材した折に障害者乗馬を知った。近くの福祉施設が入所者のためにおこなっているもので、近隣の幼稚園児たちもたまに乗せてもらっている。馬が人の心身を癒すことは、海外では六〇年代に広まった障害者乗馬、ホースセラピーなどで知られるようになり、日本でも普及している。

乗馬のリハビリ効果自体は古くから知られており、古代ギリシャの時代、負傷兵の治療に乗馬をつかった記録があるほどだ。馬に乗っていると、馬の動きに合わせて体が動くので呼吸が深く整い、人間よりも高い馬の体温を感じることで緊張がほぐれるという。

周囲に一切の関心を持たなかった自閉傾向のある子が、アニマルセラピーを受けるうちに自ら動物に食事をあげるなどしてケアに興味を示し、対人関係が改善した例など、動物との関わりは成長や回復につながるとされる。日本で動物介在療育をはじめた臨床言語士の津田望さんは、「コミュニケーションとは言葉を発することだけではありません。まずは外界のことに心を開いていくこと。自然であれ、動物であれ、人間であれ、他者に興味を持ち、心を開けるようになることがコミュニケーションの基本なんです。そのコミュニケーションの最初の扉を開くのが動物なんだと思います」（大塚敦子『動物がくれる力　教育、福祉、そして人生』）と語っている。自然のなかで動物と触れ合うと、人間も自然界の一員として役割を果たしながら成長するようになり、自分が生きる場である自然とのつながりを意識して、地球や動物をケアしようとする感性も育っていくという。

子どもたちが動物と関わることで他者との関係を考えるように促す取り組みを行うのが、アメリカ・カリフォルニア州で九二年に創設された「わすれな草農場」だ。虐待やネグレクトを受けた一四～一八歳の子どもを対象にした職業訓練プログラムでは、人間の感情を敏感に察知する馬との関係性を特に重視している。また、同様に虐待を受けて傷ついた馬で動物介在プログラムを行う施設もある。そうした馬を子どもたちが尊重して歩み寄るうち、傷ついた相手を認識しながら適度な距離感を保ち、信頼関係を築いていく。それを人間関係にも活かすようになるそうだ。

「馬が馬らしくいる」こと

三〇年にわたり人と動物の関わりを取材してきた大塚敦子さんの集大成的な著作『動物がくれる力』には、受刑者が保護犬を介助犬に育てるプログラムをおこなうアメリカの女子刑務所や、困難を抱える子どもたちの施設での取り組み、日本の刑務所や少年院、小児病棟や高齢者施設などの現場で、人と動物はお互いにいい関係を築いてきたことが述べられている。大塚さんが関わっている島根あさひ社会復帰促進センターでは、馬との関係性を通して自己を見つめる独自のプログラムも展開する。セラピスト、馬の専門家、そして馬とチームを組み、センターの訓練生が抱える問題を探りながら回復への道を考えるもので、馬はチームの一員、人間と同等のパートナーとして尊重される。だから、乗馬もせず、鞍もつけず、裸の状態で、馬場でプログラムを行う。これにはとくにトラウマケアの効果が期待できるとされ、被害体験のある訓練生が参加する。大塚さんによると、このプログラムのよさは「馬が馬らしくいる」ことで、それがセラピーにも効果を発揮する。そもそも馬もきわめて多様であり、虐待を受けて保護された馬、けがや高齢で乗馬には向かない馬もいる。プログラムでは、さまざまな意味で傷ついた、多様な馬たちが自由に、ただ存在することが、人にいい作用をもたらすという。競馬から引退した馬が第二の人生（馬生）を送るための方策も各地で始まっている。「馬が馬らしくいる」というと、『繋がれた馬』でくみが馬に見惚れた場面を思い出す。馬本来のしぐさ、表情、のびのびとした動き。馬が生き直す姿に、あり得たかもしれないくみの別の人生をつい重ねてしまう。

大塚さんは、小児病棟で行われる動物介在プログラムで、子どもたちの回復する力に何度も驚いたそうだ。つらいときに動物がそばにいるだけで、子どもは生きることに期待が持てるようになる——このくだりを読んだとき、すみもまた、心身を病んだ晩年、そばに芳江がいて、馬がいて、馬が自由に生きる自然があって、日々回復しながら夢を繋いだのではないかという気がした。ホスピスや高齢者施設でも同様に、動物たちはただいるだけで人々の心をほぐし、死の不安をもやわらげる力がある。動物がいることで感じる喜びや安らぎは幸福感につながり、生きる意欲、ケアの精神すら育てるのだろう。

「動物にしかできない愛し方」

大塚さんの代表作のひとつ『いのちの贈りもの』は、二九歳でエイズにより命を落としたジェニーという女性の最後の日々を綴るフォトエッセイである。そこでは、動物も人間も同じ目線でとらえ、同じ伴侶として存在し、動物と生きることの本質が述べられていた。忘れがたい一節がある。――「ただ黙ってそばにい続けること。それがどんなに大切なことかわかってはいても、人間にはなかなかできない。そんなむずかしい仕事を、言葉を持たない動物たちはごく自然にやってのける。動物にしかできない愛し方もあるのだと思った」。

動物がただ生きるための行動やしぐさをみていると、自分も動物の一員であり、ともに自然のなかにいて、だから動物を求め愛することは人がよりよく生きるために当たり前なのだということを、ふと感じる。そうした生き方が広がっていけば、生態系や地球環境にもなんらかの変化がおよび、動物も関わるパンデミックの状況も変わっていくのかもしれない。

七〇年代のアメリカでは、医学や心理社会学系の研究を通して、獣医学校や関連する施設で「伴侶動物」という言葉が使われるようになった。犬と暮らすことで治療や手術などのストレスから回復する可能性が広がるとされたからだという。伴侶動物とは、おもに犬や猫、そして馬をさす。フェミニストであるダナ・ハラウェイ『伴侶種宣言　犬と人の「重要な他者性」』によれば、伴侶動物とはコミュニケーションがとれるが、異質の存在でもある。異質ゆえに完全なる他者だが、自分にとって替えのきかない、この上なく愛しい存在だ。そうした存在として尊重しながら関係を築くと、相手の持ち味や本来の力を引き出し、自分の人生にもなんらかの作用をもたらす。そうすると、動物とパートナーシップを築くことは、ケアや環境をいたわることの究極形なのかもしれない。それはフェミニズム的であり、クィア的であり、反資本主義的であり、反帝国主義的なあり方ともいえないだろうか。暴力とは程遠い世界にたどりつく希望すら感じさせると言ったら、言い過ぎだろうか？

植民地からの動物の収奪と虐待

吉永さんから軍馬の話を聞いて思い出したのが、かつてこの国には馬にも「赤紙」が届く時代があったということだ。戦前から戦中、農耕馬が軍馬として強制的に取り立てられる「馬匹《ばひつ》徴発《ちょうはつ》」が行われていた。

馬の「近代化」は、幕末の横浜で社交や娯楽のための競馬から始まった。古くから日本の「軍馬」は雄の種馬で、気性の荒さが名馬の条件であり、それを乗りこなしてこそ武士の誉れとされた。だが気性の荒い馬は競馬や近代軍備には向かない。近代競馬が入ってきたとき、日本の馬の「劣悪さ」を意識させられたことは、古来の馬文化に対する黒船ショックだった。そこで政府は近代競馬を輸入するにあたり、「馬匹改良」を求め、馬の能力・優劣を選別する検定をはじめた。馬は軍隊や運輸、農業に不可欠だから、馬の優劣は国勢に関わるとされたのだ。だが状況はなかなか変わらず、一九〇〇年の義和団戦争の際、暴れる日本の軍馬を見た欧州の軍人が「日本人は猛獣に乗っている」と呆れたという逸話が広まったほどだ。もちろん、西洋から見ての「猛獣」だ。

馬匹改良では、時代を経るごとに軍馬であることが重視されるようになる。そこで、競馬で速さや強さを検査して一定の「実用」にかなう馬を選別するやり方が国策として決まり、競馬はその理念のもとに軍馬を育てる手段ともなった。その際、もっとも大きな壁として立ちはだかったのが国民の意識改革だ。従来、馬は農耕の相棒や軍馬ではあっても、「西洋のようには」、馬に乗り、愛することがなかったからだ。東京競馬会の設立趣意書にも、「〔軍事上の馬匹改良がなかなか進まないのは〕実に国民愛馬志想の極めて幼稚なるに職由せずんばあらざるなり」と書かれていた。前述の義和団戦争の際には、馬の虐待を禁止する改良策も出されている。軍馬のためというと矛盾するようだが、馬政局・陸軍は「動物愛護」の精神をもって馬を育成することをめざしたのだ。馬を戦場で使役すれば、高確率で死に至らしめる。一方で、使役するために人々に馬を愛せよという。馬をいつくしみ、親しませることによって馬文化を「近代化」させ、一方で軍馬をつくるための競馬を黙認し、奨励する。そうした「国策」が、天皇のお墨付きを得て、賭博である近代競馬にもゴーサインが出た。もちろん、植民地を増やして列強に並び立ちたいという帝国的野望のためだった。

このように、当時の競馬には陸軍が密に関わった。日本の馬文化や人馬のコミュニケーションまでも大きく変え、近代戦を重ねるたびに軍馬としての馬が重視されていったのだ。それが軍の「常識」であり、「農馬即軍馬」なる言葉も生まれた。日本では第二次世界大戦期においても大量の馬を輸送手段とした。

なお、すみの生きた時代は軍縮期にあたり、軍馬政策も縮小した。一九三〇年代には恐慌や東日本を中心とした冷害もあり、とりわけ馬を使う農家が多い東北では、経済的に締めあげられながらも飼い続けることを余儀なくされた。

すみの死の翌年、一九四三年には競馬の停止が閣議決定された。同年、総力戦体制が馬にも及び、軍馬の大増産が進められた。これに先立つ一九三九年には民間で軍用に適する馬に軍事訓練を義務づける軍馬資源保護法、種牡馬と種付事業を原則として国の独占とする種馬統制法が施行されている。大陸へ軍馬を送り出す事業も進められた。

一連の国策に利用された馬は敗戦までに散逸や病、死の憂き目に遭ったが、その詳細は明らかにされていない。馬が徴用されて牛を農耕に利用する農家も増えたが、それを可能にしたのが、植民地朝鮮からの牛の収奪だった。収奪は年々増加した。馬にせよなんにせよ、「近代化」という言葉の背景には、植民地への暴力がつきものであったことは意識しておきたい。そして動物への抑圧、虐待がつきものだったということも。

戦争「物資」として駆り立てられた動物は、ウサギや犬、猫などほかにもいる。日本は一九三八年から敗戦まで、戦争物資として毛皮を獲得するために「朝鮮台湾原皮移入株式会社」という法人まで作って朝鮮半島原産の犬を一五〇万匹以上獲得、根絶やし状態にした。植民地権力は、馬以外にも多くの動物を供出させ、あるいは「内地」では動物園で動物を銃殺した。動物の「供出」とは、明確に、帝国日本が犯した過ちであり虐殺である。

帝国主義的な馬の「近代化」の行きつくところとして象徴的な話を紹介しておきたい。

敗戦後、朝鮮半島には日本軍によって打ち棄てられた馬がいたという。

戦争末期の一九四四年、佐賀県の立川鉱山に強制徴用された安懐南《アネナム》は解放後の一九四六年、経験をそのまま素材とした小説「馬」を発表した。小説では、解放後の「棄民」と動物たちの交わりを、主人公トクマン（徳万《トンマニ》）の鬱屈とした心理とともに描いている。トクマンは解放後に故郷に帰ったが、貧困から故郷の村でも生活がままならず、田も牛も持つことができない。そこにオーバーラップするのが、日本軍に置き去りにされた馬たちだ。軍用馬だった馬たちは疲弊して病気にかかっており、荷が引けないので馬車馬としても使われない。病んだ馬を日本人が安く売り払っていったのだ。食用としても嫌がられ、ならばと殺すことになると、馬たちはトンネルの中へ駆けていった。不思議なことに、馬はトンネルの反対側から見張っていても出てこなかった。やがて、馬は汽車にひかれて死んだという噂が流れ、いつしか馬の姿は村から消えていく。怪我をしていたトクマンが回復する頃には、「善良で従順な」牛だけが残っていた。複雑な余韻とともに物語は終わるが、病み、障害をも抱えたであろう馬が打ち棄てられたという残酷な事実と、生活を奪われたまま解放後も苦しんだ朝鮮の人々の現実が重ねられていて、日本人には絶対に持ちえない視点で、解放後の朝鮮の一風景や人々の心情を教えてくれる作品だ。

日本では馬をときに「改良」しながら使役し、数百年にわたり闘争を続け、武力政権を維持した。その背景には、家という限られた場で権力構造を温存し、資本と結びつき、権力の恩恵にあずかる者たちがいて、収奪をよしとし、侵略と虐殺を繰り返した歴史があった。

人間が自然を、動物を功利のために「人工化」「近代化」するとき、自然や動物は「本来の力」を失っていくのだろう。そのとき、人間にも同じことが起こっていたのではないだろうか。

八〇年後の「後日談」

すみと芳江の物語、ふたりを描いた吉永さんの話に戻ろう。

吉永さんは、競馬新聞の記者を辞めたのち、競馬にまつわる経験を軽妙なタッチで描いた『気がつけば騎手の女房』で大宅壮一ノンフィクション賞を受賞。その四年後に出版したのが『繋がれた夢』だ。当時の取材や、芳江に会ったときのことなどをうかがった。

記者時代の吉永さんはすみの存在を初めて知ったとき、「三〇年以上も前にこんな人がいたなんて」と驚いたという。それからおよそ半世紀が経った。すみが騎手の夢を抱き、芳江とともに生きていた時代から八〇年後の「後日談」である。

今も吉永さんが身に染みて覚えているのは、とにかく取材が大変だったということだ。すみのことを調べるのはもちろん、実家を探し当て、さらに芳江を探し当てるのに苦労した。取材は都合四年近くはかかったそうだ。当時、騎手の吉永正人氏と結婚していた吉永さんは、正人氏が前の妻との間にもうけた子どもたちと、新たに生まれた子どもを育てながら、茨城で暮らしていた。そんな日々だから、岩手での取材も日帰りだ。夕方に新幹線で帰り、続きはまた数ヵ月後に、という取材が続いた。何度もあきらめようと思ったが、なぜか続けていた——そう聞いたとき、すみみたいだなとふと思った。

吉永さんは芳江を探すため、彼女がいると聞いた新潟で新聞広告を出したり、電話ボックスで電話帳を見ながら同姓同名にかたっぱしから電話してみたり、移転前の新潟競馬場があったあたりの飲食店街を、地図を片手に友人と歩き回ったりした。そうしたことを繰り返し、何回目かの訪問で目に留まった競馬新聞社を訪ねてみた。そこで芳江のことを尋ねると、「ああー、知ってるよ。あの、男の格好した人と東京の方へ行った人だよね？」と、含みのある言葉が返ってきた。しかも、芳江はこの近所に住んでいるという。

ようやく芳江を探し当てたのに、吉永さんは急に帰りたくなってしまった。競馬新聞社の人の言い方には、侮蔑や揶揄が漂い、それを聞いたときに「ああ、いまだにこの人たちはこういう目で見て、彼女はそういう土地で暮らしているのか。いまだに、いまだにそうなのか……」とショックを受けたのだ。もともとノンフィクションで書くつもりが小説になったのには、こうした背景がある。芳江が何十年も、暮らしている土地でそうした視線を受けたであろうことを考えると、とてもリアルには書けず、仮名で描くことになった。

吉永さんが芳江を訪問し、話を切りだしたものの、お互いにしばらく無言になってしまった。芳江は「一時間、考えさせてほしい」と頼み、近くでは会えないからと家から離れた新潟市内で待ち合わせることになった。それだけ近所の目を気にし、悩んだのだ。「近所の目」とはそれほどつらいものだったのだろうと、吉永さんは振り返る。

すみ亡きあとに結婚した芳江は、息子を出産していた。吉永さんが会ったときには息子は独り立ちしていて、芳江は生命保険会社の営業（いわゆる生保レディ）をしながらひとりで生きていた。待ち合わせ場所に現れた芳江は、すみの遺影を携えていた。吉永さんがすみの遺族から、葬式の日の朝、仏壇に置いてあった遺影と芳江が同時に姿を消したので芳江が持ち去ったのだろうと聞いていたものだった。芳江は、何十年も押し入れにしまっておいたすみの遺影を吉永さんに託し、岩手に行くことがあったらすみの家に返してきてほしいと伝えた。

『繋がれた夢』を読んで驚いたのは、いまの物語として読んでもまるで古びていないということだ。ふたりが思いを通わせ合う場面は、当時の時代背景と吉永さんが執筆した時代背景、両方を考慮してもとても自然で、胸が苦しくなるほど思いの強さが伝わってくる。すみが経験した理不尽な差別が、本質的にはこの社会に残っているという意味でも、変わっていないと痛感する。

「尊敬してた」

そうした描写のひとつひとつが、小説を初めて書く吉永さんにとって難しいことだった。助けになったのが、芳江の言葉だ。芳江はすみに対する思いをひと言、「尊敬してた」と明かしたという。芳江にとってすみとの関係は、尊敬の念から始まり、憧れが加わった。ひとりの人間としての尊敬が、毎日、食堂で会ううちに芽生えたのだ。すみの周りにいた当時の馬丁たちはかなり荒っぽく、いまでいうホモソーシャルな雰囲気が満ちていたから、芳江はいつもひとりでいるすみに対して、「やさしさとか、感じ取ったんでしょう。それが根底にある。あの時代に、ああいう状況で死んじゃったわけだし……」と吉永さんは述懐した。

すみを看取った後、その亡骸を岩手まで連れて行く芳江は、はかりしれないすみの苦労を思ったのではないか。すみの生家でも伝わるところがあったのか、「あなたがいてくれたから」と、暮らしをともにしたことを深く感謝した。だが、当時のことだ。すみの生家では芳江をあくまで親しい友人と見て感謝したようだ。そして、芳江に「いい人を見つけるから」と見合いの世話を申し出て岩手で暮らすことを勧めてきた。芳江はそれを嫌がり、ひそかにすみの遺影を手に取り、新潟に戻ったのだった。

とはいえ、女性がひとりで生きていくのは困難な時代だ。だから芳江はやむなく結婚を選んだのかもしれないと吉永さんは想像していた。

吉永さんはまた、芳江の人生ですみとの数年間は、とてつもなく大きなものだったとも見ている。だがそれを家族にも言えず、何十年も隠して生きていた。それでも、地元では吉永さんが訪ねたときにもまだ噂されていた。心の底で凍りついていた何かが、吉永さんが現れたときに溶け出したのではないか。

吉永さんのエッセイ『気がつけば騎手の女房』は、『繋がれた夢』と対になるような作品だ。

女性がいない競馬業界で最初のひとりとして道を切り拓いた吉永さんの姿は、すみにとてもよく重なる。馬の息づかい、温かさを感じるところも、二冊に共通する。

大学時代に競馬中継を見て馬に惹かれ、競馬に熱中した吉永さんは、どうにかして競馬、あるいは馬に関わる仕事がしたいと考えるようになった。だが、厩務員などは女性では難しく、スポーツ新聞社の門を叩いても女性だからと断られ、競馬専門紙『勝馬《かちうま》』の記者になった。「馬の近くにいたい、馬に関わらないと生きていけない」という心境だったという。入社してからの途方もない苦労は、軽妙な筆致ながら『気がつけば騎手の女房』から痛いほど伝わってくる。会社では毎日、「ネエちゃん」呼ばわり。仕事をさせない。いざ仕事をすれば、どんなやり方でも「だから女は」というジャッジ。同等の仕事仲間としては扱われない。吉永さんはそうした理不尽と差別を、自らの機転と練り上げた言葉と、競馬に対する熱意とで克服し、仕事が楽しくなるよう奮闘していった。そんななかで、たまたますみの記事を目にした。表向きは男女平等の世の中とはいえ、「女だからだめだ」と言われる日常にあって、戦前に女性で騎手を目指したすみの存在が、吉永さんを揺さぶった。――「女の分際でつまらないことを考えるからそんな末路になったんだ、というね。〔すみの記事に書き手の〕そういう考えが透けて見えたので、すごくいやだったんです」「色眼鏡で見られた数行のすみさんじゃない姿を、競馬が好きな人には知っておいてほしかった」。風紀を乱すという決まり文句も、女性騎手に負けるのが嫌だったからではないかと吉永さんは分析する。吉永さんが知る女性騎手が、勝てそうな馬に乗るとコーナーで妨害されることがあると話したことがあったそうだ。――「男は女に負けたくない、負けるとみっともないと。一回負けちゃえば楽になるのにって思うけどね(笑)。そういう、男の沽券みたいなものがあるんですよ。でも、女性騎手が増えてくるとつながりもできる。だから私も、少しずつやっていくしかなかった」。

なぜ、同期の男性たちには仕事が増えていくのに、自分は仕事をさせてもらえないのか。吉永さんの職場でも、すみの時代と同じことが繰り返されていた。吉永さんが上司に頼み込んで厩舎に取材に行くと、「女が馬房に入ると馬房が汚れる」などと言われる。ショックだが取材はしたいから外で待ち続け、雨の日も粘った。そうしたことを繰り返すうちに、記者として成長していった。オフィスでの仕事も一事が万事そんな調子で、男性の三倍働いてようやく横に並ぶ。――「だけどそれってめちゃくちゃな労力で。おかしいなと思うんだけど、世の中がそれだけおかしかったから、そこに対応するしかなかった。だって、世の中が変わるの待ってたら、間に合わないから」。とにかくその時できることをやるしか術がなく、吉永さんは必死だった。

セクハラという言葉もなかったから、そうした状況を察知すると、「頭がフル回転」したという。例えば、吉永さんが初出勤の日、母に言われてスカートをはいていくと、編集部に上がるにはハシゴを登らなければならず、下の階の男性たちを見た吉永さんは、牽制の言葉を瞬時に考え込んだ。「痴漢」という言葉や「被害者と加害者」という状況を巧妙に避けつつ、関係性も壊さないような言葉を探して啖呵を切り、揶揄しながら騒ぐ男性たちを黙らせたのだ。コミカルながらも相手と自分の尊厳を傷つけないその話を聞きながら、これまでどれだけの人がこうして闘ってきたのだろうという感慨がこみあげてきた。

失敗してもうまくいっても、「だから女は使えない」「いかにも女の仕事だな」という言葉がついてくる。吉永さんは苦々しく思いながらも奮闘し続けた。とはいえ、過剰に男社会に適応すると、抜けられなくなる。吉永さんもそこに嫌気がさして『勝馬』を辞めた。「男並み」をめざしているうちに、自分がなんのために仕事をしているのかわからなくなる感覚に、耐えられなくなったのだ。

その後、吉永さんは『日刊ゲンダイ』の競馬記者をしながら結婚。職場では、「結婚したら髪の毛一本外に出るな（＝女は目立つな）」と釘を刺されていたから、その警告を忘れて数年後に本を出版したとき、競馬業界からのバッシングがひどかったという。それは騎手の夫にも及び、レースに出る馬を奪われるなどの嫌がらせまで受けた。

世の中が変わる前に

とはいえ、女性騎手・ファンのために変革を進める男性たちが多かったのも事実だ。そのことが、吉永さんの競馬人生を豊かにしたのだろう。吉永さんがそうした人たちと関係を築きながら道を開いてきた姿も、すみと重なる。『繋がれた夢』のくみの仲間だった清川らのモデルになった男性たちも、すみをレースに出してあげようと立ち回った。——「ひとりでもふたりでも、困ったときに助けてくれる人っているんだよね、絶対に。あの時代に、『内規に女がだめとは書いてない』と助言したのも男性だし、それで免許を取ることにもつながった。もちろん芳江さんの存在もあったからあそこまでできた。……でもやっぱり、あそこまで頑張らなくてもよかったとも思う。免許がとれたのに乗れなかったのはなぜだろうと、考えますよね。斎藤さんはすごい人だけど、つらかったんだろうなとも思う。私があの昭和の時代に——いまから見ればひどい時代だったけど、一応は男女平等といわれて、〈すみが生きたのは〉その前の平等ではなかった時代だから。自分に重なるところもあったし、乗せてあげたかったなぁーって、本当に思います。だから、この物語もいい加減、古びてほしいですよね」。

すみと芳江が女性同性愛者だと蔑視されるような状況も、表向きは変わったかもしれないが、実態はさほど変わっていないのではないか。同性婚に反対する与党議員らが繰り返す「家族観」や、岸田首相秘書官（当時）の同性愛者蔑視発言などを挙げ、吉永さんはため息をついた。

吉永さんがすみに強く惹かれたように、いまの私たちには一〇〇年前の女性たちの涙の意味が、ふとわかる瞬間がある。それは、いまの生きづらさの根がかつての家制度にあり、異性愛と家父長制の枠に押し込めようとするシステムがまだ続いているからだろう。だから、何度でも歴史と出会い直して、目の前の生を考えたい。

吉永さんの本を読み、かつ話をうかがって改めて思うのは、「セクハラ」などの言葉ができる前から闘っていた人は無数にいて、その力は社会を変えるための道を踏み固めてきたということだ。名前が残っている女性たちも、その道があるからあるいてくることができた。「世の中が変わるの待ってたら、間に合わないから」と吉永さんが繰り返すのを、私は奥歯を噛みしめながら聞いていた。

自分の尊厳を守るために声をあげた人の言葉を知るとき、人は本来の自分をわずかに取り戻す。そして、回復していく。誰かに力づけられるとは、きっとそういうことだ。

吉永さんがすみと芳江の物語を書き残してくれたことは、競馬界の後輩たちをはじめ、多くのひとを勇気づけたに違いない。そしてもっとも励まされたのは、すみと芳江だろう。

真意はどうあれ、芳江は新潟に戻ってから結婚したが、吉永さんが会ったときには離婚してしばらく経っていた。芳江は、ふたりの物語を書くことを吉永さんにゆだね、本が出た折にはすみとの暮らしについて息子に明かすと約束した。

やがて、ふたりの物語が世に出た。芳江はすみのことを息子に話すと、一緒に岩手へ旅をし、すみの墓参りをしたという。

あとがき

この本が書店に並ぶ頃、私はひとつ歳をとっているはずだ。

もう人生の折り返し地点を過ぎたという感覚があるからなのか、誰かと特別な関係を結ぶということがとても貴重に感じられる。あるいは、仕事と人生がほぼ直結しているからなのか、大切な人と出会うために仕事をしているのかもしれないと思う瞬間もある。そして私の場合、それが歴史上の人物であることも少なくない。そんなわけで、昨今では恋愛とか結婚とか家族とか、旧来の名づけにも関係性にも、ほとほと関心を失いつつある。

書き終えたいま、本書の主人公たちも同じように考えていたのかもしれないと、ふと思う。読者の方の言葉から、時代も国境も超えたより広い視点をもらえたことがあったからだ。こんな広がりがあるのかと驚いたし、私が思った以上に、この本の主人公たちは自由に世界を見て、自分たちの人生を愛していたのかもしれないとも感じた。それはこんな話だ。

第1章の人見絹枝と藤村蝶の物語を読んだ中国の方が、とても丁寧で熱のこもった感想をSNSでシェアしてくれ、それを読んだ人たちと会話を交わしていたことがあった。後日、その人は「愛と女性の生き方の話には国境がない」といった言葉と、ふたりの話を思い出すたびに涙が流れるといったことを、私に伝えてくれた。その人は、老いて髪が白くなった蝶がプラハを訪ねたときの写真を見て、白居易の詩を思い出した。蝶の姿をみたときの息を飲むような思いをうまく言葉にできず、浮かんできたのが詩の一節だったという。

君埋泉下泥銷骨（君は泉下《せんか》に埋もれて　泥《どろ》　骨を銷《け》す、）

我寄人間雪満頭（我　人間《じんかん》に寄せて　雪　頭《こうべ》に満《み》つ。）

――「微之《びし》を夢《ゆめ》む」（『新釈漢文大系　白氏文集』）

「夢微之」は、大親友・元稹と手を携えて遊ぶ夢をみて、朝、目覚めると、手ぬぐいに満ちあふれるほど涙が流れていた、といった内容の詩だ。これを詠んだときの白居易は老いて病を重ねていた。

白居易は同じタイトルの詩をもう一編残しており、やはり元稹のことを詠んでいる（「微之」とは元稹の字《あざな》）。遠く離れて暮らす元稹が一晩に三度も夢に現れた、といった内容だ。当時は、夢に現れる相手もまた、夢のなかで私（白居易）と会っていると考えられていた。

右に挙げた一節は、その元稹が世を去ったのちに詠まれたものである。「泉下」と「人間」はあの世とこの世を指す。かつては遠く離れていても会おうと思えば会えた愛しい相手と、いまは夢のなかでしか会えない。冷たい土に埋もれた元稹の骨は泥と消え、生きながらえた私の髪は雪のように真っ白だ。あの世とこの世、黒い土と雪白という対になった鮮烈なフレーズが、歳月を重ねてなお濃密な慕情を引き立てる。

ほんの一瞬でも、かけがえのない出会いが心にとどまり、生きていける。そんな感情が時代を超えて、性別も国境も規範も――この世で私たちを縛る枷を軽やかに砕き、分断する境界を越えてみせることだってあるのだ。美しい詩を通してそう教えられたことは、私にとって身震いするほどの喜びであり、宝となった。

最後の斎藤すみと〝芳江〟の話を聞かせてくださった吉永みち子さんからも、とてもありがたい感想と励ましの言葉をいただいた。吉永さんから、ふたりの章で紹介した大塚敦子さんとはかつてアメリカの女子刑務所を取材したことがあると後日教えていただいたことも、うれしい驚きだった。同じように、本書に登場する取材先の方々との会話や教えなくしては、「ふたり暮らし」は決して書けなかった。改めてお礼を申し上げます。

そして、貴重な連載の場を設けてくれた編集者の大西咲希さん、横でいつも愛をくれる猫たちにも、お礼を伝えます。

参考文献

序章　ふたりだけの部屋で生きる

河東碧梧桐『山を水を人を』日本公論社、一九三三年

第1章　語られなかったふたり暮らし
――人見絹枝と藤村蝶

戸田純『絹枝恋い　僕の人見絹枝伝』奥村栄進堂、一九九〇年
戸田純『絹枝恋い　僕の人見絹枝伝　復刻版』奥村栄進堂、二〇〇一年
永島惇正編『生誕100年　記念誌　人見絹枝』日本女子体育大学、二〇〇八年
人見絹枝『女子スポーツを語る』人文書房、一九三一年
小原敏彦「語り継がれる人見絹枝」『生誕100年　記念誌　人見絹枝』
人見絹枝「選手と新聞記事」『戦ふまで』三省堂、一九二九年
人見絹枝『炎のスプリンター　人見絹枝自伝』山陽新聞社出版局、一九八三年
人見絹枝『スパイクの跡』平凡社、一九二九年
人見絹枝『ゴールに入る』一成社、一九三一年
人見絹枝『最新女子陸上競技法』文展堂、一九二六年
永島惇正、穴水恒雄、三澤光男「人見絹枝の全体像を求めて」『生誕100年記念誌　人見絹枝』
猪木正実『日本女子初の五輪メダリスト　伝説の人　人見絹枝の世界』日本文教出版、二〇一八年
三澤光男『はやての女性ランナー　人見絹枝讃歌』不昧堂出版、二〇〇五年

人見絹枝「女子スポーツを語る」高良留美子・岩見照代編『女性のみた近代』第一期第六巻、ゆまに書房、二〇〇〇年
三澤光男「人見絹枝日記の研究　1924年の人見」『日本女子体育大学　紀要』第三八巻、日本女子体育大学、二〇〇八年、五九〜六八頁
三澤光男「人見絹枝・そのスポーツ活動の調査と年表補完」『日本女子体育大学紀要』第三三巻、日本女子体育大学、二〇〇三年、五七〜六三頁
勝場勝子・村山茂代編『二階堂を巣立った娘たち　戦前オリンピック選手編』、不昧堂出版、二〇一三年
小原敏彦『KINUEは走る　忘れられた孤独のメダリスト』健康ジャーナル社、二〇〇七年
杉浦郁子「『女性同性愛』言説をめぐる歴史的研究の展開と課題」『和光大学現代人間学部紀要』第八号、和光大学現代人間学部、二〇一五年、七〜二六頁
赤枝香奈子「近代日本の女同士の親密な関係をめぐる一考察　『番紅花』をいとぐちに」『京都社会学年報』一〇号、京都大学文学部社会学研究室、二〇〇二年、八三〜一〇〇頁
趙書心「カーペンター『中性論』の翻訳と『番紅花』同人との交流」『未来からきたフェミニスト　北村兼子と山川菊栄』花束書房、二〇二三年、二九三〜三〇〇頁
趙書心「女性解放とレズビアニズムの間　『番紅花』における女性同性愛言説を

めぐって」『人文学フォーラム』第五号、名古屋大学大学院人文学研究科図書・論集委員会、二〇二二年、一〇三～一一八頁
源淳子『「遺骨を拾わない・お墓をつくらない」葬送を考える』同時代社、二〇二四年

第2章　帝国日本とふたり暮らし
——馬淵てふ子と長山きよ子

静岡みきのくち保存研究会ホームページ「女性パイロット」(http://www3.tokai.or.jp/mikinokuchi/air-girl1.htm)(二〇二二年三月閲覧、二〇二五年一月現在は確認できず)
黒百合子『聞かずやプロペラの唄　女鳥人・馬淵てふ子嬢物語」『少女の友』一九三四年七月号、実業之日本社
婦人職業指導会編『最新婦人職業案内　昭和八年版』丸ノ内出版社、一九三三年
渡部一英「大空を彩る女鳥人の群」『雄弁』一九三四年一〇月号、大日本雄弁会講談社
平井常次郎『空』博文館、一九二九年
相馬黒光『黙移　相馬黒光自伝』平凡社、一九九九年
佐藤一一『日本民間航空通史』国書刊行会、二〇〇三年
「馬淵先生を囲んで」『フェリス女学院100年史』中央公論事業出版、一九七〇年
長山雅英「日本女子飛行士クラブの設立に就て」『航空時代』一九三四年八月号、

航空時代社
中村征子「高山の文化を高めた人々〈4〉　飛驒唯一の女流飛行士」『広報　高山の文化』五四号、高山市文化協会、一九九四年
馬淵テフ子・松本きく子「訪満飛行を終へて」『婦女界』一九三五年一月号、婦女界出版社
平木国夫『飛行家をめざした女性たち』新人物往来社、一九九二年
西みさき『紅翼と拓魂の記』西崎キク、一九七五年
望月百合子『大陸に生きる』ゆまに書房、二〇〇二年
平木国夫『空駆けた人たち　静岡県民間航空史』静岡産業能率研究所、一九八三年
『ヒコーキ野郎』一九七七年四・五・六月号、日本飛行連盟
国立国会図書館専門資料部編『斎藤実関係文書目録　書翰の部　二』国立国会図書館、一九九九年
江刺昭子・史の会編『時代を拓いた女たち　かながわの131人』神奈川新聞社、二〇〇五年
村山茂代「飛行士をめざした卒業生　馬渕てふ子と長山きよ子」『日本女子体育大学　紀要』第三七巻、日本女子体育大学、二〇〇七年、四五～五一頁
酒井正子「変容する世界の航空界・その4　日本の航空100年（上）」『帝京経済学研究』第四四巻第一号、帝京大学経済学会、二〇一〇年、九三～一二四頁

尾崎行輝・吉田虚白『所澤より』実業之日本社、一九一七年
小林登美枝・米田佐代子編『平塚らいてう評論集』岩波書店、一九八七年
米田佐代子「『帝国』女性のユートピア構想とアジア認識」歴史科学協議会編『歴史評論』六二四号、校倉書房、二〇〇二年、二～一五頁

——木部シゲノと○○

豊前市史編纂委員会編『豊前市史』下巻、豊前市、一九九一年
桑原達三郎『太刀洗飛行場物語』葦書房、一九八一年
平井常次郎『空』博文館、一九二九年
平木国夫『飛行家をめざした女性たち』新人物往来社、一九九二年
木部シゲノ「揺籃期の空をゆく」『日本民間航空史話』日本航空協会、一九六六年
安藤登美子「私の顔」『家庭よみうり』一九五三年四月一日号、読売新聞社
松田睦彦「明治16年『貿易規則』以前の朝鮮海出漁　前史としての対馬出漁とその意味」松田睦彦編、『国立歴史民俗博物館研究報告』第二二一集、国立歴史民俗博物館、二〇二〇年、一一～二三頁
金柄徹「帝国主義と漁民の移動　広島県豊島漁民の『朝鮮海』出漁に関する歴史人類学的考察（2）」『国際関係紀要』第一〇巻第一号、亜細亜大学国際関係研究所、二〇〇〇年、一〇五～一二五頁

吉田敬市『朝鮮水産開発史』朝水会、一九五四年
福岡県議会事務局編『詳説福岡県議会史　明治編』上巻、福岡県議会、一九五二年
福岡県議会事務局編『詳説福岡県議会史　明治編』下巻、福岡県議会、一九五三年
佐藤一一『日本民間航空通史』国書刊行会、二〇〇三年
『新聞集成大正編年史　十三年　下巻』明治大正昭和新聞研究会、一九八七年
長島淳子『江戸の異性装者たち　セクシュアルマイノリティの理解のために』勉誠出版、二〇一七年
赤枝香奈子『近代日本における女同士の親密な関係』角川学芸出版、二〇一一年
植民地歴史博物館と日本をつなぐ会・植民地歴史博物館『植民地歴史博物館ガイドブック（日本語版）』植民地歴史博物館と日本をつなぐ会・植民地歴史博物館、二〇一九年
日韓「女性」共同歴史教材編纂委員会編『ジェンダーの視点からみる日韓近現代史』梨の木舎、二〇〇五年

第3章　主従関係とふたり暮らし
——五代藍子と徳本うめ

福田かよ子「白い月・五代アイの生涯」鈴鹿市文化振興事業団、二〇一六年
近藤杢編『治田村誌』治田村公民館、一九八二年
五代友厚七十五周年追悼記念刊行会編『五代友厚秘史』五代友厚七十五周年追悼記念刊行会、一九六〇年
五代友厚七十五周年追悼記念刊行会編『五代友厚秘史』第三版、五代友厚七十五

周年追悼記念刊行会、一九六四年
渡辺万次郎『鉱山史話（東北編）』ラテイス、一九六八年
北勢町風土記編集委員会編『北勢町風土記　資料第1集』北勢町教育委員会、一九七八年
北勢町町史編さん委員会編『北勢町史』北勢町、二〇〇〇年
田付茉莉子『ミネルヴァ日本評伝選　五代友厚　富国強兵は「地球上の道理」』ミネルヴァ書房、二〇一八年
原口泉『維新経済のヒロイン　広岡浅子の「九転十起」　大阪財界を築き上げた男　五代友厚との数奇な運命』海竜社、二〇一五年
森野秀三（著）森野雄二郎（編）『滋賀の石橋とマンポ　石造りの橋と隧道・地下水路トンネルめぐり』サンライズ出版、二〇二三年

第4章　語り継がれるふたり暮らし
——斎藤すみと〝芳江〟

吉永みち子『繫がれた夢』講談社、一九八九年
吉永みち子『繫がれた夢』講談社文庫、一九九二年
吉永みち子『気がつけば騎手の女房』草思社、一九八四年
細貝さやか「一度も出走できなかった日本初の女性騎手　斎藤すみの孤独な闘い」『コスモポリタン』一九九〇年六月号、集英社
鵜飼正英『競馬紳士録』サンケイブックス、一九七五年

「馬が恋人という19歳の少女騎手」『ジュニア文芸』一九七〇年八月号、小学館
大恵陽子「競馬PRESS　26歳で電撃引退、〝伝説の女性ジョッキー〟はなぜアメリカへと向かったのか？ 日本時代は『〝客寄せパンダ〟でした』『先輩は厳しかったけど…』」『Number Web』二〇二三年三月五日（https://number.bunshun.jp/articles/-/856661）
「セクハラ被害騎手提訴取り下げの裏事情」『リアルライブ』二〇〇七年一〇月二五日（https://npn.co.jp/article/detail/18138231）
荻野好弘「『男社会』は変われるのか　笠松競馬でセクハラ防止研修」『朝日新聞デジタル』二〇二一年六月二三日（https://www.asahi.com/articles/ASP6R6H2BP6ROBJB008.html）
神原英彰「一度は思った『男性に生まれていれば…』　女性騎手の先駆者として戦い続ける25歳の現在地　競馬・藤田菜七子」『THE ANSWER』二〇二三年三月三日（https://the-ans.jp/women/gender/305093/）
寺山修司『競馬放浪記』新書館、一九八二年
大塚敦子『動物がくれる力　教育、福祉、そして人生』岩波新書、二〇二三年
大塚敦子『いのちの贈りもの』岩波書店、一九九七年
ダナ・ハラウェイ『伴侶種宣言　犬と人の「重要な他者性」』永野文香訳、以文社、二〇一三年
吉屋信子「競馬」「馬と私」『白いハンケチ』ダヴィッド社、一九五七年

京都競馬場『京都競馬場80年史』日本中央競馬会　京都競馬場、二〇〇五年
立川健治「日本の競馬観（1）馬券黙許時代・明治39〜41年」『富山大学教養部紀要』第二四巻第一号、富山大学教養部、一九九一年、三九〜七一頁
大瀧真俊「戦時下の軍馬政策と農家経営　日中戦争期関東地方の農耕馬徴発と補充」『農業史研究』第四九号、日本農業史学会、二〇一五年、二三〜三三頁
相模原市立公文書館第二三回企画展『兵事書類と馬　町村役場資料に残る馬匹書類から考える』解説文、二〇二三年
波田野節子「安懐南の4つの短編の翻訳と解題」『韓国研究センター年報』二二巻、九州大学韓国研究センター、二〇二二年、二五〜五一頁
大塚敦子『介助犬ターシャ　Service Dog TASHA』小学館、一九九九年
「日帝が絶滅に追い込んだ韓国土種犬、研究グループが50匹以上『集団復元』」『中央日報』二〇二三年八月二二日（https://s.japanese.joins.com/JArticle/308078）
「日本皮革（株）『日本皮革株式会社五十年史』（1957.04）年表」『渋沢社史データベース』(https://shashi.shibusawa.or.jp/details_nenpyo.php?sid=7360)

あとがき

岡村繁『白氏文集　四　新釈漢文大系第一〇〇巻』明治書院、一九九〇年
岡村繁『白氏文集　十二　上　新釈漢文大系第一〇八巻』明治書院、二〇一〇年

初出『群像』
第1章：二〇二三年八月号
第2章：二〇二二年五月号、十二月号
第3章：二〇二四年二月号
第4章：二〇二四年六月号

書籍化にあたり、加筆修正をおこないました。
序章とあとがきは書き下ろしです。

装画
大塚文香

装幀
脇田あすか＋關根彩

伊藤春奈（いとう・はるな）

1978年生まれ。編集者・ライター。2020年より女性史を中心とした出版プロジェクト「花束書房」を主宰し、『ウィメン・ウォリアーズ　はじめて読む女戦記』（パメラ・トーラー著、西川知佐訳）、『未来からきたフェミニスト　北村兼子と山川菊栄』、『帝国主義と闘った14人の朝鮮フェミニスト　独立運動を描きなおす』（尹錫男絵、金伊京著、宋連玉・金美恵訳）を刊行。フェミニズムマガジン『エトセトラ』VOL.9特集「NO MORE 女人禁制！」を編集。著書に『「姐御」の文化史　幕末から近代まで教科書が教えない女性史』（DU BOOKS）などがある。

ふたり暮《ぐ》らしの「女性《じょせい》」史《し》

2025年3月25日　第1刷発行

著　　者　伊藤春奈《いとうはるな》

発 行 者　篠木和久
発 行 所　株式会社講談社
〒112-8001
東京都文京区音羽2-12-21
電　　話　（出版）03-5395-3504
（販売）03-5395-5817
（業務）03-5395-3615
印 刷 所　TOPPAN株式会社
製 本 所　株式会社国宝社

KODANSHA

 ISBN 978-4-06-538867-9